Bernd Wehr...

„Arrividerci,
ich muss jetzt leider geh'n!"

„Arrividerci,

ich muss jetzt leider geh'n!"

Ewige Treue auf vier Pfoten.
Stationen eines Hundelebens an der
Seite des geliebten Menschen.

Geschichten, Gedichte und Tipps

Bibliografische Informationen der Deutschen Nationalbibliothek.
Die Deutsche Nationalbibliothek verzeichnet diese Publikation in der Deutschen Nationalbibliografie;
detaillierte bibliografische Daten sind im Internet über http://dnb.d-nb.de abrufbar.

© 2014 Bernd Wehrum
Herstellung und Verlag:
Books on Demand GmbH, Norderstedt
ISBN 978-3-7322-4676-2

Inhalt

Vorwort	7
Vorgeschichte zum Buch	9
Plötzlich ohne Hund, und jetzt?	17
So fing alles an	21
Kinder lieben Hunde	23
Welcher Hund passt zu mir?	27
„Hoppla, jetzt bin ich da!"	35
Der Hund in der Pubertät	43
Wer ist hier der Boss?	47
Bleibende Erinnerungen	55
Dank Herrchen wurde ich TV Star	59
Was ein Hund aus Liebe alles tut	63
Dank Hund gesund!	73

Was tut man so alles für seinen Hund	79
„Hurra, es geht in Urlaub!"	87
Hundeexperten nicht blind vertrauen	91
Nobody is perfect	101
Kleine Hunde ganz groß	105
Mensch bleibt Mensch und Hund bleibt Hund	113
Alter und Abschied	127
Bildquellennachweis	132

Vorwort

Jeder Mensch der sich einen Hund anschafft weiß, dass er sich aufgrund der Lebenserwartung eines Hundes irgendwann einmal von seinem geliebten treuen Vierbeiner verabschieden muss, aber wenn der Tag dann kommt, dann ist es immer wieder schrecklich und schmerzhaft, denn ein Hund ist nun einmal aufgrund seines besonderen Verhältnisses zum Menschen nicht nur irgendein Tier, das halt auch einmal sterben muss.

Der Grund dafür ist die Tatsache, dass Hunde schon seit vielen Jahrhunderten durch ihre Anhänglichkeit und Treue zum Menschen einen besonderen Stellenwert in einer „Mensch-Tier-Beziehung" haben.

Wenn ich heute, im Oktober 2013, den Anfang dieses Vorwortes schreibe, dann wische ich mir ab und zu noch ein paar Tränen aus den Augen, denn meine Frau und ich haben vor einigen Tagen unseren lieben und treuen Terriermischling „Scoby" wegen einer unheilbaren Erkrankung im Endstadium einschläfern lassen und beerdigen müssen,…und wer schon einmal Abschied von einem treuen vierbeinigen

Wegbegleiter genommen hat, der weiß wie einem dabei zumute ist.

Deshalb wäre es schön, wenn die Lektüre dieses Buches einerseits Hundebesitzern die „Trauerphase" um ihren geliebten Vierbeiner etwas erleichtern könnten, aber andererseits soll sie durchaus auch ein Schmunzeln auf ihr Gesicht zaubern, nämlich dann, wenn man die Kapitel mit all den Erinnerungen und Geschichten liest, die das Zusammenleben mit einem Hund so schön machen und die durch nichts zu ersetzen sind.

Und deshalb ist dieses Buch auch für Leser geeignet, die sich einen Hund anschaffen wollen, denn Leben und Tod gehören in einer „Mensch-Hund-Beziehung" immer zusammen und es wäre fatal, wenn man sich nur deshalb keinen Hund anschaffen würde, weil die biologische Uhr des Hundes schneller tickt als die des Menschen.

Und man sollte immer daran denken, die schönen Erinnerungen an ein gemeinsames Leben mit seinem Hund, die nimmt einem keiner ab.

Vorgeschichte zum Buch

19.10.2013 vormittags um 09.45 Uhr in der Tierklinik, unser Hund wird von seinen Leiden erlöst, was war passiert?

Unser bisher robuster Terriermischling verhält sich seit einiger Zeit etwas anders als sonst, denn er ist etwas ruhiger geworden, aber wir sind weit davon entfernt daran zu denken, dass er krank sein könnte, denn er wäre in Kürze immerhin stolze 12 Jahre alt geworden und da darf man ja auch als „Hundesenior" etwas ruhiger werden.

Das bedeutete, er lag in der letzten Zeit tagsüber etwas länger als sonst auf seinen verschiedenen Lieblingsplätzen im Haus und im Garten, aber sonst war er der Alte,…bis wir durch Zufall entdeckten, dass er abends da lag und seine Augen zukniff, das heißt, es tat ihm etwas weh, aber man denkt da natürlich zunächst an eine Entzündung der Bindehaut oder eine kleinere Verletzung, denn unser Terriermischling ist ja schon immer impulsiv und spontan in Hecken und dichtes Gestrüpp gesprungen, wenn er dort irgendetwas Interessantes vermutete, und vielleicht war es ja dieses Mal auch wieder so.

Leider war dies nicht der Fall, denn letztendlich stellte sich heraus, dass er ein Glaukom hatte, und innerhalb weniger Stunden auf dem linken Auge schon erblindet war.

Und dann ging alles ganz schnell, denn trotz Notinfusionen ging der Augendruck nur für einige Stunden etwas zurück und war dann am nächsten Tag höher als zuvor.

Wegen seines immer schlechter werdenden Zustandes – innerhalb einer Nacht war auch das zweite Auge erblindet und er hatte enorme Gehschwierigkeiten – wurde dann eine Röntgenaufnahme durchgeführt und die ernüchternde Diagnose lautete, dass der überwiegende Teil seiner Lunge voll mit Metastasen war, die offensichtlich sehr eifrig waren und deren Tumore jeden Tag ein anderes Organ außer Kraft setzten, und die somit auch der Grund für die Erblindung waren,…

…und deshalb haben wir unseren Scoby erlösen lassen,

denn wir haben immer gesagt, dass unsere Hunde nach einem erfüllten Leben nicht leiden sollen.

Eigentlich sollte das Kapitel jetzt hier enden, aber heute, Ende Februar 2014, habe ich mich bei der endgültigen Überarbeitung dieses Kapitels dafür entschieden, etwas detaillierter auf dieses schwierige Thema einzugehen, das auch unter Hundebesitzern unterschiedlich diskutiert wird.

„Erlösen lassen", was bedeuten denn überhaupt diese beiden nüchtern und hart klingenden Worte?

Zunächst einmal sagen diese beiden Worte ja überhaupt nichts darüber aus, welche emotionalen Höhen und Tiefen man im Vorfeld einer solchen Entscheidung durchlebt, indem man immer wieder neue Hoffnung schöpft, die dann kurze Zeit später durch aktuelle Entwicklungen wieder zunichte gemacht wird, bis man dann irgendwann schließlich doch eine endgültige und unwiderrufliche Entscheidung treffen muss.

Wie eben schon eingangs erwähnt, hatten wir in den letzten zwei bis drei Monaten die Situation, dass unser Hund insgesamt gesehen etwas ruhiger als sonst war, aber natürlich haben wir das nicht als eine Erkrankung angesehen, denn er zeigte ansonsten ja wie immer ein völlig normales Verhalten, nur halt alles etwas langsamer und mit weniger Ausdauer.

Und aus diesem Grund fuhr ich morgens mit unserem Scoby völlig ahnungslos zu unserem Tierarzt in die nahe gelegene Tierklinik, damit er irgendein Medikament für seine Augen bekommt.

Doch leider entwickelte sich ab diesem Tag die Situation immer dramatischer, sodass wir uns dann innerhalb von nur zwölf Tagen endgültig von unserem Hund verabschieden mussten, was war passiert?

Bei der Augenuntersuchung stellte sich heraus, dass der Augendruck auf dem linken Auge stark erhöht war und die weitere Untersuchung ergab, dass er auf diesem Auge bereits schon erblindet war, da vermutlich ein Glaukom die Netzhaut schon irreparabel geschädigt hatte.

Das bedeutete, Anruf bei meiner Frau um sie darauf vorzubereiten, dass sich alles etwas verzögert, und ich später auch ohne unseren Hund nach Hause zurückkommen werde, weil dieser bis zum nächsten Tag in der Klinik bleiben musste, da man mit verschiedenen Infusionen versuchen wollte, den hohen und schmerzhaften Augendruck zu senken.

Erfreulicherweise informierte uns nachmittags die Tierklinik telefonisch darüber, dass die Infusionen gewirkt hätten und wir unseren Scoby über Nacht nach Hause holen dürfen, denn – egal ob Mensch oder Hund – zuhause fühlt man sich doch am wohlsten und über Nacht wäre in der Tierklinik ja auch nichts gemacht worden.

Also, Hoffnung keimte auf, denn meine Frau und ich waren uns einig darüber, dass wir wegen eines erblindeten Auges unseren Hund niemals einschläfern lassen würden, denn die Lebensqualität eines Hundes mit nur einem sehenden Auge ist zum Glück nur unwesentlich eingeschränkt, und er hat auch weiterhin seine Lebensfreude.

Allerdings konfrontierte uns der Termin am nächsten Morgen wieder mit neuen ernüchternden Tatsachen, denn der Augendruck im erblindeten Auge war wieder so hoch, dass man irgendetwas unternehmen musste, da nach Auskunft der Ärzte ein solch hoher Augendruck mit sehr starken Schmerzen verbunden sei und das Auge nach wie vor Augenwasser produziere, das nicht ablaufen kann und somit den Druck immer weiter ansteigen lässt.

Das hieß, das erblindete Auge musste durch eine in Narkose durchgeführte Injektion im wahrsten Sinne des Wortes von innen zerstört werden, damit die verhängnisvolle Produktion des Augenwassers gestoppt werden konnte.

Als wir dann einige Stunden später unseren Scoby wieder abholen konnten, war außer einem geschwollenen dicken Auge nichts weiter zu erkennen und guter Hoffnung nahmen wir ihn deshalb wieder mit nach Hause.

Erfreulicherweise ließen uns die Ergebnisse der Kontrolluntersuchungen in den nächsten Tagen auch weiterhin hoffen, denn der Augendruck war zwar noch nicht optimal, aber zufriedenstellend.

Ernsthafte Sorge machte uns allerdings dann das unübliche Verhalten unseres Hundes, denn er lag nur auf einem Platz und man merkte, dass er auf einmal beim Laufen Schwierigkeiten hatte und hin und her schwankte. Außerdem war es bei unserem Scoby überhaupt nicht denkbar, dass er mit eingezogenem Schwanz in der Gegend herumlief, denn der schwarzborstige Schwanz stand immer aufrecht, aber jetzt hing er ständig nach unten, das war kein gutes Zeichen.

Diese pessimistische Einschätzung unsererseits bestätigte leider auch die Tierärztin am anderen Morgen, denn auch nach ihrer Auffassung zeigte unser Scoby durch seine Körperhaltung, dass er Schmerzen hatte und dies wurde auch dadurch bestätigt, dass er bei der Untersuchung im Bauchbereich schmerzempfindlich war.

Und dann, nach endlos scheinenden Minuten, erfuhren wir nach einer Röntgenaufnahme die katastrophale Diagnose die alles änderte:

„Krebs"

Fast die gesamte Lunge von unserem Scoby war auf dem Röntgenbild pechschwarz, das bedeutete, die Lunge war von Metastasen befallen und die Überlebenschance war somit gegen Null gesunken.

Als letzter verzweifelter Rettungsversuch stimmten wir trotzdem noch einmal der Verabreichung einer sehr starken Cortisonspritze zu, im Tiefsten allerdings schon ahnend, dass der Abschied wohl näher rückt.

Da wir am nächsten Tag morgens wieder einen Termin in der Klinik hatten und meine Frau und ich uns eigentlich schon sicher waren, dass wir unseren Hund von diesem Termin nicht mehr lebendig mit nach Hause bringen würden, versammelte sich abends noch einmal die Familie um „Abschied zu nehmen."

Und ob man es glaubt oder nicht, unser Scoby rappelte sich noch einmal auf, zeigte sich im Rahmen seiner begrenzten Möglichkeiten noch einmal von seiner besten Seite, er schmuste und spielte sogar noch ein bisschen mit uns, war aber dann doch ziemlich erschöpft und er lag dann die ganze Nacht regungslos auf einem Teppich im Flur, sodass ich im Inneren hoffte, dass er in der Nacht in Ruhe einschlief und von seinen Leiden erlöst würde, aber dem war nicht so.

Und das letzte gemeinsame Frühstück mit unserem geliebten Hund am nächsten Morgen werde ich nie vergessen, denn es machte mich stutzig, dass er die hingehaltenen Wurststücke nicht wie immer sofort abnahm, sondern schräg von der Seite in Richtung Wurst schaute, schnupperte, und erst dann ziemlich umständlich das Wurststückchen nahm, was war da los?

Und als er dann auch noch Probleme bei der Orientierung hatte und mit offenen Augen gegen die noch verschlossene Tür unseres Autos lief, da war uns klar, der Krebs hat gesiegt, denn er war jetzt auch noch auf dem zweiten Auge erblindet.

Und dann kam der Augenblick, den alle Hundebesitzer am meisten fürchten, nämlich seinen Hund im Arm zu halten, der letzte Blick in zwei liebevolle treue Hundeaugen, eine kleine Spritze, und dann die Erlösung von den Qualen,

  ….soviel zum Thema „Erlösung.

Plötzlich ohne Hund, und jetzt?

Man glaubt es nicht, aber es ist wahr, es gibt bestimmte Rituale beim Menschen, die man auch auf das Verhältnis zwischen Mensch und Hund übertragen kann und das gilt zum Beispiel auch beim Thema Beerdigung.

Wer schon einmal ein Familienmitglied verloren hat, der wird es bestimmt bestätigen können, dass der endgültige Abschied von einem geliebten Menschen erst dann stattfindet, wenn man die Beerdigung hinter sich gebracht hat.

Und genauso erging es auch uns. Unser Scoby wurde an einem schönen Platz in unserem Garten beerdigt, und als dann das Grab zugeschüttet war und ein Blümchen darauf gestellt wurde, da war dann zumindest das Thema „Abschied nehmen müssen" beendet.

Aber wie ging es weiter?

Ich kann es ihnen sagen, das Familienmitglied Hund fehlte an allen Ecken und Enden.

Überall im Haus wurden wir an unseren Hund erinnert, in der Küche stand nach wie vor der Fressnapf neben dem Wasserschüsselchen, im Wohnzimmer und im Schlafzimmer stand nach wie vor je ein Hundekörbchen, im Flur hing die Leine,…nur der Hund fehlte!

Und, ob man es glaubt oder nicht, diese Dinge konnten wir nicht sofort wegräumen, aber dann im Verlauf der Trauerphase gelang es uns doch so nach und nach.

Es klingelt an der Haustür, draußen steht die Nachbarin mit Tränen in den Augen, warum? Es fehlte ganz einfach das jahrelang gewohnte Bellen nach dem Klingeln und die sich daran anschließende freundliche Begrüßung durch Scoby.

Und lange Zeit haben auch wir selber diese freudige Begrüßung vermisst, wenn wir zum Beispiel vom Einkaufen oder abends nach einer Veranstaltung wieder nach Hause kamen.

Diese Begrüßung begann schon mit einem freudigen Bellen hinter der Haustür, wenn wir noch auf der Strasse vor unserem Haus waren, dann erblickten wir durch den Glaseinsatz neben unserer Haustür die Umrisse eines erwartungsvoll freudig schwänzelnden Hundes, und dann kam endlich die Begrüßung, das alles gab es jetzt plötzlich nicht mehr.

Und dazu kamen dann noch die vielen gut gemeinten Fragen und Ratschläge von Freunden und Bekannten:

„Na, habt ihr schon wieder einen Hund? Am besten ist, ihr sucht euch sofort einen neuen Hund, und noch viele andere gut gemeinte Tipps.

Aber wir konnten und wollten uns in dieser Phase nicht einfach nach einem anderen Hund umschauen, das haben wir bereits nach dem Tod unserer Anka im Jahre 2003 versucht, aber es hat nicht geklappt.

Für meine Frau und mich steht es jedenfalls fest, dass es kein Patentrezept für die „Zeit danach" gibt, und so muss jeder für sich herausfinden, wie er mit dieser Situation am besten umgeht.

Für den einen kann das bedeuten, dass er sich sofort nach einem anderen Hund umsieht, der andere braucht eine gewisse Zeit des gesunden Trauerns um dann für einen neuen Hund bereit zu sein, und andere Menschen – wie zum Beispiel meine Frau und ich – lassen es einfach auf die entsprechende Situation ankommen und entscheiden uns dann ganz spontan,…

und vielleicht gibt es ja wieder einmal so eine Situation wie wir sie mit unseren beiden letzten

Hunden erlebt haben, und dann hat man plötzlich wieder einen Hund!

Aber auf einen Punkt muss ich zum Abschluss dieses Kapitels doch noch einmal zu sprechen kommen, nämlich die Tatsache, dass man nach dem Tod seines geliebten Hundes sehr oft der festen Überzeugung ist, dass man in Zukunft nie mehr einen so lieben und treuen Hund bekommen wird.

Glauben sie mir, das stimmt so nicht, denn auch wir sind zunächst diesem Trugschluss erlegen und haben dann doch feststellen müssen, dass auch der neue Hund wieder der liebenswerteste und treueste Hund ist den man jemals hatte, möglicherweise mit anderen Wesensmerkmalen als der verstorbene Hund, aber deswegen muss man kein schlechtes Gewissen haben.

Vor allen Dingen sollte die Trauer um den verstorbenen geliebten Hund keinesfalls dazu führen, dass man sich deswegen keinen Hund mehr anschafft, das wäre schade!

So fing alles an

Zwei treue Augen bernsteinbraun
von außen durch die Scheibe schau'n
das war im Jahre 2004
da schaute er durch unsere Ferienhaustür
im schönen Sardinien und von diesem Tag an,
das ist wahr
hatten wir unseren Scoby, bis jetzt fast 10 Jahr'
und wir möchten, das sollt ihr wissen
diese Zeit nicht mehr vermissen
drum schauen wir mit freudigem Blick
auf die schöne Zeit mit ihm zurück.

Für unseren Hund stand damals schon ganz fest
dass er uns nicht mehr aus den Augen lässt
denn er wollte unbedingt mit uns heim
und nicht mehr in Sardinien sein
denn ein „Feger" wie er, wir haben's erlebt,
der hätte dort nicht mehr lang überlebt
denn er hatte zwar seine Freiheit genossen
aber es wurde auch bereits auf ihn geschossen
denn egal ob Hirten, Pferd, Ziege oder Kuh
vor unserem Scoby hatte keiner seine Ruh'
und da lauerte hier in Rheinhessen, das ist wahr
zum Glück keine so große Gefahr.

Doch auch hier bei uns ging's mächtig rund
denn wir hatten einen sehr wilden Hund
und selbst die Hundetrainer wie könnte es sein
waren auch bald am Ende mit Ihrem Latein
denn kam ein fremder Hund heran
dann fing das Theater richtig an
und umso größer der fremde Hund
desto mehr ging's bei uns rund.
Wir konnten das alle nicht versteh'n
und wollten sogar nachts nur Gassi geh'n
doch mit viel Liebe, Vertrauen und Zeit
war es dann nach über einem Jahr soweit
wir hatten einen lieben Hund
und zum Ärgern gab's nur selten einen Grund.

Und als Fazit da steht fest
dass man seinen Hund niemals ohne Erziehung
groß werden lässt
und wenn man dann noch viel Geduld investiert
dann hat sich das in jedem Fall rentiert
und der Hund macht seinem Menschen Spaß,
und das ist doch was!

Kinder lieben Hunde

Der Hund ist aber süß,...den hätte ich gerne, bitte!

Diesen Ausspruch werden diejenigen Leser kennen, die als Eltern schon einmal mit ihrem Kind eine Begegnung mit einem süßen kleinen netten Hund hatten, und das war dann sehr oft der Anlass für die Anschaffung eines Hundes.

Nach meiner Auffassung gibt es für ein Kind nichts Schöneres als mit einem Hund aufwachsen zu dürfen, denn das hat in jedem Fall überwiegend positive Auswirkungen auf die Sozialisation eines Kindes.

Das Kind hat einen verlässigen Spielgefährten, lernt durch den Hund Verantwortung zu übernehmen und erfährt was Freud und Leid bedeutet, denn wenn die biologische Uhr funktioniert, dann wird das Kind auch erleben müssen, dass man irgendwann auch einmal Abschied von seinem geliebten Tier nehmen muss, und das Leben danach trotzdem weitergeht.

Ob man auf die Anschaffung eines Hundes auch später noch mit Freude zurückblicken kann oder ob man diesen Schritt zum gemischten „Mensch-

Hund-Rudel" bereut, das hängt von vielen
Faktoren ab, denn wenn die Anschaffung eines
Hundes nicht richtig durchdacht wurde, dann
kann das sowohl für die Familie als auch für den
Hund unangenehm und wenig erfreulich sein,
aber wieso?

Mama, Papa kauft mir bitte diesen Hund
der ist so niedlich, kuschelig und
dieser Welpe ist so lieb und nett
den hätte ich gern bei mir im Bett,
und viele Eltern, das kann man verstehen
können diesem Wunsch nicht widerstehen
und ohne weiter nachzudenken
tut man die Schritte zum Züchter lenken
sucht sich einen lieben Hund dort aus
und bringt ihn schleunigst dann nach Haus!

Doch diese Liebe und das ist leider wahr
hält häufig noch nicht einmal ein ganzes Jahr
denn oft schon nach sehr kurzer Zeit
erkennt man seine Unwissenheit
zum Thema Hund, Kind und Zeitaufwand
denn man hat leider zu spät erkannt
dass ein Kind mit dem Hund überfordert ist
weil ein Hund kein Spielzeug ist
das man zum Beispiel irgendwann
sich zum Spielen holen kann.

Dieses kleine Gedicht macht deutlich, dass es in einer guten „Kind-Hund-Beziehung" ein Elternhaus geben muss, dass voll und ganz zu der Anschaffung des Hundes steht und das Kind zum richtigen Umgang mit dem Hund anleitet.

Leider sieht die Praxis sehr oft etwas anders aus, weil sich manche Eltern mangels Zeit oder Interesse wenig für die gemeinsamen Aktivitäten ihres Kindes mit dem Hund interessieren.

Eltern sollten es sich daher ganz genau überlegen, ob und wann sie ihre Kinder alleine mit dem Hund ausgehen lassen, denn man sieht immer wieder kleinere Kinder, die mit einem relativ großen Hund unterwegs sind und deshalb bei einer möglichen Gefahr, alleine schon aufgrund ihrer Größe und der geringen Kraft, nicht adäquat reagieren können.

Die Frage, ob und ab wann man sein Kind mit dem Hund alleine weglassen kann ist nur individuell im Einzelfall zu beantworten, aber im Interesse der Eltern, des Kindes und des Hundes sollte man in jedem Falle eine gewisse Zeit vorher beobachten, ob das Kind mit dem Hund umgehen kann, das heißt unter anderem, ob der Hund die Kommandos des Kindes befolgt oder nicht.

Und darüber hinaus müssen auch noch folgende drei Faktoren passen:

- Alter des Kindes
- Größe des Hundes
- Folgsamkeit des Hundes

Ein Beispiel macht das klar:

Das Kind ist 12 Jahre alt, der Hund gehorcht ihm normalerweise immer, aber er wird beim Spazierengehen von irgendetwas abgelenkt und reißt sich los,…hier hat eigentlich soweit alles gestimmt, bis auf die Größe des Hundes, denn der war so stark, dass ihn das Kind nicht halten konnte.

Also liebe Eltern, ich hoffe, dass sie aufgrund der überwiegend positiven Aspekte auch ihrem Kind ein gemeinsames Aufwachsen mit dem eigenen Hund ermöglichen können, deshalb sollten sie in jedem Falle die angesprochenen Punkte beachten.

Ich bin mir sicher, dass sich ihr Kind dann später im Erwachsenenalter nur mit Freude an das gemeinsame Aufwachsen mit dem eigenen Hund erinnert, versprochen!

Welcher Hund passt zu mir?

Nicht nur Kinder sind der Grund
dass man sich anschafft einen Hund
der Eine fühlt sich einsam und allein
und möchte nicht mehr so alleine sein
ein Anderer, fit und gesund,
der braucht zum Joggen einen Hund
aber auch der Mensch in der Stadt
wo ein Hund kaum Auslauf hat
hätte natürlich gerne einen Hund
denn der hält fit und hält gesund.

Und an dieser Stelle, das sag ich gern
es liegt mir der Gedanke fern,
Hunde nur solchen Menschen anzuraten
mit eigenem Haus und großem Garten
nur sollte man sich wegen der vielen Rassen
vorher erkundigen und beraten lassen
denn eines ist klar, nur wer weiß das schon,
den passenden Hund gibt's für jede
Lebenssituation!

Ein Hund, das muss man hier mal sagen
tut sein Schicksal lange geduldig ertragen
denn er will seinen Menschen ja nicht kränken
drum sollte man sein Augenmerk darauf lenken
wie der Hund sich auf Dauer verhält
und ob er alleine zuhause immer nur bellt
denn Hunde die unter- oder überfordert sind
kann man halt nicht fragen wie ein Kind
aber an auffälligem Verhalten bis hin zur Aggressivität
kann man dann erahnen wie's dem Hund tatsächlich geht.

Drum lieber Leser jetzt pass' mal auf
denn man sollte vor einem Hundekauf
und das muss man ganz eindringlich sagen
seine persönliche Situation hinterfragen:
Bin ich berufstätig ja oder nein
wie groß darf der Bewegungsdrang sein
wird der Hund Spielgefährte für ein Kind
bin ich selber hektisch oder eher ruhig gestimmt
ist bei mir alles klinisch rein zuhaus'
machen mir Dreck und Hundehaare nichts aus
sind meine Geruchsnerven stabil
denn ein nasser Hund, der riecht auch viel.

Und ein Faktor der wird oft nicht bedacht,
ist, dass ein Hund auch Kosten macht
für Versicherung, Arzt und Steuer
und auch Futter das ist teuer
und auch den Urlaub, man kann es fast ahnen
sollte man hundetypisch planen
und hat man all dieses dann bedacht
das Zusammenleben dann auch Freude macht
und Mensch und Hund, so wünscht man sich das eben
können dann in Harmonie zusammen leben!

Im Zusammenhang mit der Auswahl des geeigneten Hundes gibt es auch Philosophien die zwar oft belächelt oder angezweifelt werden, aber ich will sie ihnen nicht vorenthalten.

So sagt man zum Beispiel, dass bestimmte Hunderassen auch nur von bestimmten Personengruppen angeschafft werden, egal aus welchen Gründen. Ich möchte jetzt keine Personengruppen oder Hunderassen diskriminieren, aber – wenn ich mir so genannte Kampfhunde und die meisten ihrer Besitzer so anschaue – dann kann ich mich leider des Eindrucks nicht verwehren, dass es wohl doch irgendwelche Zusammenhänge geben muss.

Eine andere etwas lustigere Philosophie besagt, dass sich im Laufe der gemeinsamen Zeit Mensch und Hund vom Aussehen oder auch vom Verhalten her gesehen immer mehr ähneln.

Und manchmal schadet es ja nichts, wenn man sich selber einmal auf den Prüfstand stellt, und das habe ich gemacht.

Auf mich persönlich bezogen kann ich zumindest die Behauptung mit dem ähnlichen Aussehen nicht so ganz nachvollziehen,…oder doch?!

Ich jedenfalls trage im ganzen Gesicht einen so genannten Dreitagebart, aber ich liebe es als Rentner auch, den Bart einmal ein paar Tage länger Tage stehen zu lassen und deshalb gibt es ja vielleicht „ansatzweise" doch ein paar gewisse Ähnlichkeiten mit unserem Scoby, denn der hatte sehr viele Haare und sah immer wild aus, einen gepflegten gestriegelten Hund konnte man aus dem nicht machen, denn auch kurz nach dem Bürsten stand seine wilde Mähne wieder nach allen Richtungen ab.

Aber vom Wesen her gesehen scheine ich doch mehr Ähnlichkeiten mit unserem italienischen Hund gehabt zu haben, denn wenn ich meiner

Apropos Bartstoppeln und Ähnlichkeit.

Frau Glauben schenken darf, dann müssen auch in mir ein paar „südländische Gene" schlummern, die sich angeblich immer dann bemerkbar machen, wenn ich wieder einmal etwas mit frischer Farbe streichen soll, wie zum Beispiel eine Gartenbank.

Selbstverständlich möchte auch ich, dass die Bank nach dem Streichen wieder in neuem Glanz erstrahlt, aber ich wähle dafür einen etwas bequemeren Weg, denn ich entscheide mich für die „südländische Variante", das heißt, ich verzichte auf eine gründliche Entrostung und erspare mir dafür das mühevolle Abschleifen alter Farbe, dafür trage ich dann etwas mehr Farbe auf, das sieht dann zum Schluss wunderbar aus, aber meine Frau sagt dann immer:

„Da war wieder mal mein Spanier am Werk!"

Der Hintergrund für diese Aussage war ein Urlaub in Spanien vor ganz vielen Jahren, denn dort habe ich mich für einen spanischen Handwerker begeistert, der mit einem großen Eimer weißer Farbe eine Parkbank strich, obwohl der Untergrund aus handwerklicher Sicht nicht ganz ideal für den Anstrich vorbereitet war. Er brauchte deshalb zwar mehr Farbe, aber er ersparte sich dafür das vorherige Entrosten und Abschleifen.

Und dieses Beispiel liebe Leser macht deutlich,
wie schnell man einen gewissen Ruf bekommt.

Aber – um zum Thema zurück zu kommen –
da unser Scoby ja als „Italiener" viele
südländische Gene in sich trug, scheint da doch
etwas dran zu sein mit der Wesensähnlichkeit
zwischen Herrchen und Hund!

Aber auch bei anderen Gelegenheiten wurde das
deutlich, denn wir beide haben uns nie auf
irgendwelchen Strassen oder glatten Wegen
wohlgefühlt, wir liebten beide das freie Feld, die
Weinberge und irgendwelche Pfützen, in welche
sich unser Scoby dann unvermittelt hinein legte,
selbst wenn das Wasser lehmig braun war,…und
zur Freude von unserem Frauchen krümelte dann
nach einer gewissen Zeit dieser getrocknete
Lehm wieder ab, und wir hatten die
entsprechenden Lehmspuren auf unserem
Boden,….aber wir konnten immer behaupten,
dass wir

„einen selbstreinigenden Hund haben!"

Und wer kann das sonst schon sagen?

Hoppla, jetzt bin ich da!

Zwei Monate in der Hundemama ihrem Bauch
das ist die Zeit, die ich als Hundebaby brauch'
doch jetzt das ist doch klar
bin ich kleiner Kerl endlich da,
noch etwas wacklig auf den Füßen
die mich durch's Hundeleben tragen müssen.

Meine Augen und Ohren die sind zwar noch zu
und ich brauch' auch noch ein bisschen Ruh'
aber in rund drei Wochen das ist klar
dann nehme ich meine Umwelt endlich wahr
dann drehe ich so meine Runden
und werde so die Welt erkunden.
Mit meinen Geschwistern, den vielen
tu ich jetzt am liebsten spielen
und zur Erkundung damit ihr's wisst
mein Mäulchen jetzt sehr wichtig ist.
Es beginnt das erste Wedeln mit dem Schwanz
aber das funktioniert noch nicht so ganz
doch bald, das ist wahr
klappt das bestimmt ganz wunderbar!

Die vierte bis siebte Woche ist meine Prägungsphase
in alles stecke ich jetzt meine Nase
denn ich bin an allem interessiert
was so um mich herum passiert
spielend tue ich jetzt viel lernen
und jetzt sollte mich keiner von der Mama entfernen
denn die tut jetzt mit mir trainieren
und sorgt so für künftige gute Hundemanieren.

In der 8. bis zur 12. Lebenswoche ist es richtig
und für ein Zusammenleben mit Menschen sehr wichtig
dass jetzt intensiver Menschenkontakt besteht
um mir soviel beizubringen wie es nur geht
ich brauche jetzt intensiven Kontakt zu Babys, Kinder, älteren Menschen und
dann werde ich auch ein guter Familienhund
denn ich bin nie mehr so aufnahmebereit
wie in meiner Welpen- und Junghundezeit!

Ruby,….klein, lieb und verspielt.

Ich frage mich so oft, was denn wohl in so einem kleinen Hundehirn vorgeht, wenn der kleine Welpe ungefähr zwischen der achten und zwölften Woche von seiner Mutter und seinen Geschwistern getrennt und in ein neues Zuhause umgesiedelt wird,…

….vielleicht denkt der kleine Hund
ja Folgendes:

Jetzt sitze ich hier einsam und allein
bisher da war ich im Rudel daheim
und konnte mich dort sicher fühlen
mit Mama und Geschwistern spielen
jetzt seh' ich hier überhaupt keinen Hund
mir ist das alles viel zu rund
der Mensch da ist ja lieb zu mir
doch was mach ich denn nur hier
mir ist doch alles völlig fremd
nichts Gewohntes, das man kennt
drum wünsch' ich mir von Herzen sehr:
macht mir bitte das Eingewöhnen nicht allzu schwer!

In jedem Fall steht fest, dass sich so ein junger Hund möglichst schnell in sein neues Zuhause eingewöhnen soll, und bei diesem Thema denke ich gerne an die Eingewöhnungsphase unseres vorletzten Hundes – unserer Anka – zurück.

Bei diesem Hund hatten wir vorher keine Gelegenheit uns irgendwelche Gedanken zu machen oder Vorbereitungen zu treffen, denn kurz vor Weihnachten im Jahre 1990 klingelte es morgens plötzlich bei uns und vor der Haustür stand eine gute Bekannte mit einer Decke im Arm und was sich darunter verbarg, das konnten wir kurz danach feststellen,

………es war ein junger liebenswerter Welpe!

Da diese Bekannte wusste, dass wir Hundeliebhaber waren, hatte sie uns diesen kleinen Kerl mit den Worten übergeben: „Wenn ihr den Hund nicht wollt, dann nehme ich ihn nach Weihnachten wieder mit und gebe ihn zurück!"

Wir sind nach wie vor fest davon überzeugt, dass das nur so eine leere Floskel war, denn diese Bekannte wusste genau, dass das für uns überhaupt keine Option gewesen wäre, und schon waren wir „auf den Hund gekommen!

Und jetzt? Konkret handelte damals als erster unser Sohn als er von der Arbeit nach Hause kam, den Hund im Flur erblickte und ohne lange zu fragen wieder mit seinem Auto wegfuhr. Was war passiert?

Gar nichts, für unseren Sohn war nur klar, dass wir diesen Hund in jedem Fall behalten, die

Zoohandlungen bald zumachten und noch eine gewisse „Grundausstattung" gekauft werden musste, und deshalb fuhr er weg und somit war für die Familie klar: „Der Hund bleibt da!"

Zunächst einmal tauchte dann allerdings die Frage auf, wie gestalten wir die erste Nacht für den Hund in seiner völlig fremden Umgebung, und wo wird er denn seine Häufchen und sein kleines Geschäft hinmachen, denn mit seinen acht Wochen war er ja noch nicht stubenrein.

Also, Türen zum Wohnzimmer mit empfindlichem Teppichboden zumachen, eine kuschelige Decke in unseren Zwischenflur zwischen Wohn- und Schlaftrakt gelegt und, wegen des wichtigen Kontaktes zu uns, die Tür zu unserem Schlafzimmer offen gelassen.

Und was war in der gefürchteten ersten Nacht passiert? Gar nichts!

Denn als wir am nächsten Morgen aufwachten und überall nach den „Spuren der Nacht" suchten, …fanden wir nichts! Weder feuchte Stellen vom kleinen Geschäft noch irgendwelche Häufchen und vor allen Dingen auch keine aus Verzweiflung oder Neugier angenagten Objekte.

...und ich war damals das Weihnachtsgeschenk,
nur ein bisschen kleiner!

Unser kleiner Welpe stand vielmehr da, schaute uns an und der Blick sagte eindeutig:

„Tragt mich jetzt bitte mal die Treppe zum Garten hinunter, damit ich zum Kompost gehen und mich einmal hinsetzen kann, ich hab's nämlich eilig!"

Und jetzt stellte sich heraus, dass meine Frau die beste Idee überhaupt hatte, denn sie hatte den kleinen Kerl am Vortag bereits mehrfach auf den Arm genommen, ihn auf eine Efeuumrandung vor unserem Kompost im Garten gesetzt und ihn animiert, dort seine Geschäfte zu machen, und ob man es glaubt oder nicht, mit liebevollen Worten und einer Belohnung danach hat das tatsächlich geklappt!

Und es ist tatsächlich wahr, von diesem Tag an ging unsere Anka solange sie lebte immer zum „Bächlein machen" an den Kompost, wobei man korrekterweise an dieser Stelle auch erwähnen muss, dass so etwas mit einem Rüden nicht möglich gewesen wäre, denn der muss halt überall markieren, selbst im Garten zuhause.

Der Hund in der Pubertät

Ist das noch der gleiche Hund, den ich mir vor wenigen Monaten als Welpe ins Haus geholt habe und der bisher immer so schön brav war?

Das hat sich schon so mancher Hundebesitzer gefragt, wenn sein Hund plötzlich trotz Zuruf nicht kommt, dann wieder einmal ein vorbildliches Verhalten zeigt, um dann am nächsten Tag den Raufbold zu spielen.

Ja, mit diesen Tatsachen muss man umgehen, denn auch ein junger Hund pubertiert und das muss auch sein, denn nur so kann er seine Grenzen erleben und sich im Rahmen einer normalen Sozialisation entwickeln, und das Falscheste was man als Herrchen oder Frauchen machen kann ist Nichtstun oder Ignorieren.

Und was sind denn jetzt so Anzeichen einer Pubertät, die rasseabhängig in der Regel so zwischen dem 6. und 12. Monat auftritt:

- Infrage stellen was bisher gültig war
- Körperliche Veränderungen durch Geschlechtsreife
- Schaffung von eigenen Bereichen, sprich Abgrenzungen Verteidigen bestimmter Bereiche

- Verweigerungsverhalten
- Unsicheres, teilweise übertrieben wirkendes Auftreten

Wer von den Lesern Kinder groß gezogen hat, dem werden einige dieser Verhaltensweisen bestimmt bekannt vorkommen, denn bei Kindern erleben wir diese Phase so ca. zwischen dem 13. und 15. Lebensjahr,... wir sehen also, es „menschelt" auch beim Hund.

Dieses Verhalten ist aber normal und völlig richtig, denn der Hund entwickelt sich und sucht sich seinen Platz in dem gemischten "Mensch-Hund-Rudel" und dabei muss man ihm durch geeignete Erziehung und Unterstützung helfen, ggf. durch Beratung durch Dritte, wie zum Beispiel Hundetrainer oder Hundeschulen.

Und zum Abschluss dieses Kapitels noch das folgende Gedicht:

Beim Menschen sind wir es gewöhnt
auch wenn so mancher darüber stöhnt
dass der Weg sehr schwierig werden kann
vom Kind hin zu Frau oder Mann
aber viele Menschen haben leider vergessen
dass Kinder gerne Kräfte messen
um ihre Grenzen zu entdecken
und das Gleiche tut im Hund drin stecken

Doch der Mensch ist zunächst irritiert
wenn sein kuscheliger Welpe anders reagiert
als dieser es bisher getan
doch da ist nichts Schlimmes dran
nur der Mensch muss immer daran denken
dass er den Hund tut lenken
denn auch ein Hund muss akzeptier'n
dass bei ihm bestimmte Grenzen existier'n
aber ein Hund, das ist mein Rat
der „Konsequenz und Liebe" erfahren hat
der wird, das wird man dann auch seh'n
für den Menschen nie zum Problem.

Spielerisch raufen, auch das gehört dazu!

Wer ist hier der Boss?
…oder, Erziehung muss sein

Mensch und Hund müssen sich aneinander gewöhnen, das gilt in jedem Fall, egal ob man sich einen jungen Welpen oder einen älteren Hund anschafft, die Unterschiede liegen im Detail.

Einem jungen Hund muss man in jedem Fall eine „Grunderziehung" angedeihen lassen, während man bei einem älteren Hund eher darauf achten muss, dass nicht erwünschte Verhaltensweisen durch eine angemessene Erziehung verändert werden.

Und auch beim Thema Erziehung gelten heute andere Schwerpunkte, denn zum Glück benötigt man heute bei der Hundeerziehung nicht mehr ein gewisses Repertoire an Bestrafungsritualen, denn man belohnt heute im Rahmen der Hundeerziehung zuerst einmal das positive Verhalten und wenn der Hund merkt, dass er mit unerwünschtem Verhalten keinen Erfolg hat, das heißt, nicht belohnt wird, dann wird er sehr schnell die Lust an einem solchen Verhalten verlieren und dies abstellen.

Der Begriff des „dominanten Hundes" ist nach meiner Erfahrung inzwischen zu einem großen Problem geworden. Das liegt aber nicht daran, dass die Hunde dominanter geworden wären als früher, sondern an dem hohen Prozentsatz von Hundebesitzern, die es zulassen, dass sie von ihren eigenen kleinen Kindern aber auch von ihren Hunden „untergeordnet werden".

Antiautoritäre „Laissez faire" Erziehung und die Vermenschlichung des Hundes haben heute leider sehr oft eine konsequente Erziehung abgelöst, das heißt im Klartext, die Erziehung wird ganz unterlassen.

Der arme Hund soll ja schließlich seine Freiheit haben. Verbreitet herrscht regelrecht Mitleid mit Hunden, die nicht rund um die Uhr machen dürfen was sie wollen.

Allerdings wird dabei vergessen, dass ein gut erzogener Hund mehr Freiheiten und ein besseres Leben hat als einer, der zweimal am Tag für eine halbe Stunde auf der Hundewiese losgelassen wird und ansonsten zuhause bleiben muss, weil er überall unangenehm auffällt.

Und das Fatale an diesem Erziehungsstil ist, dass ein nur liebevoll behandelter Hund, nicht automatisch ein "lieber Hund" wird.

Was heißt hier Boss, ich bewache!?

Während früher die Hunde meist zur Arbeit gezüchtet und gehalten wurden, sind sie heute oft verwöhnte Luxusgeschöpfe, deren Tagesablauf von Langeweile geprägt ist. Doch ein Hund muss beansprucht werden, und zwar körperlich und geistig. Wenn er sich langweilt, sorgt er anderweitig für Aufregung in seinem Leben, er wird zum „Problemhund".

Fest steht allerdings, ein Problemhund hat nur ein Problem:

„Den Menschen!"

Der Rang des Hundes muss nicht herabgesetzt werden! Vielmehr müssen die Menschen lernen, sich wie jemand zu verhalten, der es wert ist, dass man auf ihn hört. Der Fehler liegt also bei den Zweibeinern, und nicht bei den Hunden.

Aber es ist sicherlich einfacher den Hund zu beschuldigen, als die Verantwortung für das eigene Verhalten zu übernehmen.

Und wenn dann mit dem Hund wieder einmal etwas nicht klappt, dann ist er halt ungehorsam oder er zeigt wieder einmal dominantes Verhalten, so einfach kann man es sich machen!

Und wie wichtig Erziehung ist, das soll einmal
das folgende Gedicht verdeutlichen.

Ein Hund macht sich's auf der Couch bequem
das ist zunächst einmal überhaupt kein Problem
denn wenn sein Mensch sagt, das ist o.k.
ich nirgends ein Problem hier seh'
denn was ein Hund darf oder nicht
das sei hier auch einmal bericht'
entscheiden Herrchen oder Frauchen allein
und das zu kritisieren, das sollte nicht sein
denn genauso wie wir unterschiedlich sind
bei den Erziehungsmethoden für ein Kind
genauso gilt das auch bei Hunden
und ich sag hier unumwunden
unser Hund darf auf die Couch nicht geh'n
doch das muss jeder für sich selber seh'n.

Doch im Detail und das ist wahr
da liegt der Unterschied ganz klar
denn die gleiche Situation wie eben beschrieben
kann auch kritisch sein, nicht übertrieben
nämlich dann, wenn der Hund runter soll
doch der findet das überhaupt nicht toll
und knurrt bösartig wie eine Hyäne
zeigt seinem Herrchen gar die Zähne
das sind Verhaltensweisen und das ist wahr
die dürfen niemals sein, das ist ganz klar
denn wenn der Hund das Sagen hat
dann wird's fatal ganz in der Tat!

Und umso mehr man sich mit Hunden und ihren Besonderheiten befasst, umso mehr wird einem deutlich, dass es beim Thema Erziehung die eine oder andere Ähnlichkeit mit der Erziehung von Kindern gibt, insbesondere beim Thema Pubertät.

Aber wer jetzt glaubt, die pubertäre Phase eines Hundes könnte man einfach so ignorieren, der irrt, denn wenn der Hund erst einmal gemerkt hat was er sich erlauben kann und was alles so geduldet wird, dann wird man sehr schwer unerwünschte Verhaltensweisen wieder wegbekommen.

Und wenn man im gemischten Mensch-Hund-Rudel als Mensch auch weiterhin das Sagen haben will, dann hilft nur eines, der Hund muss erzogen werden.

Wenn man aber jetzt glaubt, dass die heutige Erziehung nichts anderes sei als ein „Kuschelkurs", der hat sich gewaltig getäuscht, denn es gibt bei dieser Art der Erziehung ein Schlüsselwort, dessen Durchsetzung vielen Hundebesitzern sehr viel Kopfzerbrechen bereitet und dieses Schlüsselwort heißt „Konsequenz", denn ohne konsequentes Verhalten gelingt die Erziehung nicht!

Damit Mensch und Hund in einer Beziehung gut miteinander auskommen, ist es deshalb unbedingt notwendig, dass man seinen lieben und treuen vierbeinigen Freund konsequent erzieht,....auch wenn einem das manchmal weh tut oder nicht einleuchtet, insbesondere dann, wenn bei einer beabsichtigten notwendigen Maßnahme treue Hundeaugen fragen:

„Muss das denn jetzt sein?"

Wenn ich von Erziehung spreche, dann hat das zwar etwas mit konsequentem Verhalten aber nichts mit Bestrafungsaktionen zu tun, denn man kann seinen Hund heute zum Glück anders erziehen, nämlich mit der Belohnung für erwünschtes Verhalten und dem Ignorieren von unerwünschtem Verhalten, von wenigen Ausnahmen abgesehen.

Wie komme ich denn da wieder runter?

Bleibende Erinnerungen

Positive Erinnerungen sind so wie ein bunter Blumenstrauß, dessen Schönheit im Wesentlichen von dem harmonischen Zusammenspiel jeder einzelner Blume abhängt.

Genauso wird man sich rückblickend auch an die vielen positiven gemeinsamen Erlebnisse mit seinem treuen vierbeinigen Wegbegleiter erinnern, allerdings haben diese Erinnerungen gegenüber einem Blumenstrauß einen wesentlichen Vorteil, nämlich….

…..sie verwelken nicht!

In meinem Leben gab es einige Hunde, aber ganz am Anfang war da ein kleiner weißer Wolfsspitz, den ich von meinen Eltern zu meinem ersten Geburtstag geschenkt bekam und der immerhin fast 18 Jahre lang mein treuer Gefährte war, diese Zeit möchte ich nicht missen, auch wenn ich heute manchmal rückblickend denke, dass ich meinen Hund ein bisschen weniger hätte ärgern können, aber dazu später.

Auch heute denke ich immer noch gerne daran, dass ich damals jederzeit einen treuen Spielgefährten hatte, der bei Wind und Wetter mit mir draußen war, auch dann wenn Freunde einmal keine Zeit oder Lust zum Spielen hatten, mein Purzel, der war immer für mich da.

Aber nicht nur als Spielgefährte war dieser Hund unersetzlich, er war auch Tröster in der Not, nämlich dann, wenn ich wieder einmal „etwas ausgefressen" hatte und dafür zu Recht bestraft wurde,…mein Hund hatte immer Verständnis für mich, und das tat so richtig gut, denn was gibt es Schöneres, als wenn man so richtig tieftraurig ist, der Hund sich neben einen legt und man in zwei verständnisvolle und tröstende Hundeaugen schauen kann.

Und dass man von seinem treuen vierbeinigen Freund auch bewacht und beschützt wird, das wurde mir immer dann klar, wenn sich jemand ungefragt an meinem Spielzeug zu schaffen machte, denn das passte meinem Spitz überhaupt nicht.

Aber was musste sich mein armer kleiner vierbeiniger Freund von mir so alles gefallen lassen?

Diesbezüglich erinnere ich mich daran, dass mein Purzel als ganz junger Hund eine schwere Staupeerkrankung überlebte, und deswegen sehr stark gewichtsmäßig zugenommen hatte, sodass er irgendwann einmal von Freunden und Bekannten den Spitznamen „Wüstenschiff" bekam, und so ein Wüstenschiff ist natürlich auch nicht gerade so beweglich, deshalb musste mein armer Purzel so einiges über sich ergehen lassen.

Da wir damals einen sehr großen Garten hatten, war bei mir das Spielen mit einem zweirädrigen Gartenschubkarren besonders beliebt, denn das war dann mein Lastwagen, der über eine schöne große Ladefläche verfügte, die dann natürlich zum Beladen aufforderte.

Und was nimmt man am besten als Fracht? Natürlich den eigenen Hund, der dann über ein Brett auf die Ladefläche gehen konnte, um dann mit rasanter Geschwindigkeit durch den großen Garten befördert zu werden. Mein LKW wurde natürlich bei diesem Spiel sehr oft be- und entladen, das heißt, mein armer Purzel hatte bei diesem Spiel sehr viel Bewegung!

Und innerhalb des Hauses war ich natürlich damals auch nicht einfallslos, und besonderen Spaß machte es (hoffentlich) uns beiden, wenn mein Hund mit rasanter Geschwindigkeit über den glatten Boden geschubst wurde, denn wir hatten zum Glück in unserer Küche einen glatten Linoleumboden auf dem natürlich ein Hund mit seinen Krallen leicht ausrutschte.

Deshalb habe ich meinen Hund zu mir gerufen, habe ihn „Platz" machen lassen, dann herumgedreht und mit dem Rücken voraus mit einem kräftigen Schubs durch die Küche geschoben und mich riesig darüber gefreut, wenn er sich während der „Rutschpartie" um die eigene Achse drehte, um dann endlich kurz vor dem Ende der gegenüber liegenden Wand anzuhalten.

Wer aber jetzt denkt, dass mein Hund danach genug von diesem Spiel hatte, der täuscht sich, denn er kam treu und brav wieder zurück, setzte sich vor mich, und wir konnten deshalb dieses Spiel sehr lange wiederholen.

Aus diesem Grund beruhige ich im Nachhinein mein Gewissen damit, dass es ihm offensichtlich auch Spaß gemacht hat, jedenfalls hat es ihm ja nicht weh getan,…

…also, sorry Purzel, aber das musste scheinbar alles so sein.

Dank Herrchen wurde ich TV Star

Nun ja Star, das ist schon ein bisschen übertrieben, aber es ist wahr, dass sich das Deutsche Fernsehen im Jahre 2012 für mich und die Hundebücher meines Herrchens interessiert hat und an zwei Tagen bei uns hier zuhause einen sehr schönen und amüsanten Fernsehbeitrag mit mir als „Hauptdarsteller" gedreht hat, und das wurde sogar vorab in der Zeitung erwähnt!

Hintergrund dafür war die Tatsache, dass mein Herrchen wieder einmal ein Hundebuch geschrieben hatte, das es in dieser Art und Weise bisher noch nicht gab.

Mein Herrchen hat nämlich unter dem Titel „Mensch und Hund in Harmonie, aber wie?" einen reinen Gedichtband mit eigenen Gedichten geschrieben und das Kernstück dieses Buches ist ein so genanntes „Verhaltens ABC für Hundebesitzer und ihre Hunde", und da sind unter jedem Buchstaben des Alphabets positive oder negative Verhaltensweisen von Hundebesitzern oder deren Hunde beschrieben, und zu einigen Gedichten wurde dann der Film gedreht.

Ja es ist wahr, das Fernsehen war hier
und hat mit meinem Herrchen und mit mir
einen schönen Film gedreht
ich hoffe, dass ihr den auch mal seht
denn im Internet und das ist wahr
ist der Beitrag immer noch da
unter „Der Hundeversteher und Poet"
ihr den Film in der ARD Mediathek noch seht
es wäre schön wenn ihr das mal macht
und auch mal schmunzelt oder lacht.

Und falls es jemand interessiert
ich erzähl jetzt mal was da alles so am Dreh passiert.
Das Team mit drei Autos fuhr vor unser Haus
und sieben Frauen und Männer stiegen aus
und die zwei Drehtage war'n sehr interessant
Herrchen und ich sind sehr viel gerannt
denn zwei Tage das ist wahr
standen wir vor der Kamera.
Von wegen stehen, das wäre ja gelacht
so einfach hat man uns das nicht gemacht
denn wir beide hatten keine Ruh
und nahmen trotz guter Verpflegung nicht zu
denn unser Frauchen versorgte uns alle sehr gut
und das tat der Stimmung beim Dreh sehr gut.

Und hier bin ich…..der Hauptdarsteller!

Und hier kann man mich sehen:

http://www.ardmediathek.de/swr-fernsehen-rp/im-gruenen/der-hundeversteher-und-poet?documentId=11413164

oder im Internet suchen unter:

„Der Hundeversteher und Poet"

Es hat uns allen Spaß gemacht
und wir haben auch sehr viel gelacht
und auch die Tierfilmer, glaubt mir das
die hatten mit mir auch ihr'n Spaß
und am Ende sagten die dann
ich wäre so fromm gewesen wie ein Lamm
und deswegen hätte auch alles so gut funktioniert
obwohl die mit mir so einiges ausprobiert!

Als erstes kam einer, das hab ich sofort erkannt
der hatte etwas in der Hand
das wollte er um meinen Hals dann binden
das tat ich etwas seltsam finden
denn so etwas hatte ich bisher nicht gekannt
die Menschen haben das Ding „Actionkamera"
genannt.
Die Kamera wurde mir um den Hals gebunden
dann drehten Herrchen und ich uns're Runden
durch Weinberge ging's dann kreuz und quer
sogar beim Markieren mussten Aufnahmen her
und zusätzlich das war der Hit
rannte ein Kameramann noch hinten mit
und diese Bilder von mir, von oben, vorne, unten
und hinten
die kann man jetzt noch im Internet finden.

Was ein Hund aus Liebe alles tut

„Ehrenwort, ich beschütze Dich wenn's eng wird, glaub mir das!"

So, oder so ähnlich, könnte man diesen Beitrag ohne Weiteres überschreiben, denn wenn ich über schöne Erfahrungen mit unseren Hunden nachdenke, dann fallen mir zum Thema Treue und Beschützen doch so einige Geschichten ein.

Was das Beschützen anbelangt, so denke ich, mit einem freudigen Schmunzeln auf meinen Lippen, heute immer noch an unseren vorletzten Hund, unsere Anka, zurück, denn diese liebenswerte Mischlingshündin hatte unter anderem eine Eigenart, an die wir heute noch gerne denken.

Vorausgeschickt muss ich erklären, dass unsere Anka kein Kläffer aber ein sehr guter Wachhund war, der Haus und Garten verteidigte und sich auch entsprechend bemerkbar machte.

Aber eine Verhaltensweise führte dazu, dass für uns familienintern fest stand, dass unser Hund in seinem früheren Leben offensichtlich einer der „Sieben Schwaben" gewesen sein musste und zu dieser Vermutung kamen wir aus folgendem Grund:

Wenn es bei uns an der Tür klingelte, dann schlug unsere Anka selbstverständlich an und stand bellend mit aufrecht wedelndem erregten Schwanz hinter der Haustür, allerdings sah nachts die Sache etwas anderes aus, da stand sie zwar auch hinter der Haustür, aber wenn ich dann in den Flur kam um die Tür zu öffnen, dann ging sie weg und stellte sich hinter mich, und ihr Gesichtsausdruck sagte:

„Herrchen geh du mal vor, mir ist das Ganze nicht so geheuer!"....

...und dabei hätte ich es mir schon eher gewünscht, dass mein Hund wegen des Unbekannten vor der Haustür vor mir stehen geblieben wäre.

Und wenn jetzt irgendein Hundetrainer diese Zeilen liest, dann wird der bestimmt sagen, ja, so ist das richtig, der Hund ist hundertprozentig richtig erzogen worden, denn er darf nicht als erster an die Tür!

Das hatte aber bei uns nichts mit Erziehung zu tun, denn wir sind nach wie vor der Überzeugung, dass unser Hund tatsächlich von den „Sieben Schwaben" abstammte.

Aus einem ganz anderen Holz war unser Mischlingshund „Scoby" geschnitzt, den wir leider vor Kurzem beerdigt haben, denn der ging immer durch dick und dünn, egal ob bei der Verfolgung eines Fasans eine Dornenhecke im Weg stand oder ein LKW vorbeifuhr, dessen Geräusch er überhaupt nicht leiden konnte und den er am liebsten in die Reifen gebissen hätte, aber Gott sei Dank war er innerorts ja angeleint, sonst hätte er bestimmt nicht so lange gelebt!

Diesem ansonsten sehr liebenswerten Hund fehlte in seinem Wortschatz das Wort Angst, und man muss wissen, dass er ein Mischling mit sehr viel Terrierblut war, wir waren uns sicher, dass es sich dabei nur um einen Borderterrier handeln konnte, denn diese unverwüstlichen Hunde werden insbesondere für die Fuchsjagd per Pferd gezüchtet, das heißt, sie können ausdauernd mit einem Pferd mithalten, danach noch einen Fuchs im Bau bekämpfen und trotzdem zuhause ein sehr liebenswerter und ergebener Familienhund sein, das schließt sich bei dieser Rasse nämlich nicht aus.

Und weil dieser Hund sowohl von seiner Autobiographie als auch von seinem Wesen tatsächlich etwas Besonderes an sich hatte, war er der Anlass dafür, dass ich im Jahre 2009 mein erstes Hundebuch mit dem Titel:

„Es gibt Hunde…und es gibt Terrier"

geschrieben und diesem Hund gewidmet habe.

Und natürlich hatte auch dieser Hund innerfamiliär einen Spitznamen, denn er war ganz einfach unser „Rauhbautz" und wenn jemand interessiert fragte, welche Rasse das sei, dann bekam er von mir zu hören, es sei eine „Mischung aus Wildsau und Terrier",...und ich bin mir bis heute hundertprozentig sicher, dass unser Scoby mir das nie übel genommen hat.

Aber dieser Hund mit seinem angeborenen unverwüstlichen Jagdtrieb hatte auch andere Seiten, die man eigentlich nicht für möglich gehalten hätte, nämlich Rücksichtnahme gegenüber schwächeren Wesen.

Wir entsinnen uns gerne daran, dass eines Tages im Frühjahr im Garten hinter unserem Haus ein furchtbares Gezeter zu vernehmen war, das wir überhaupt nicht zuordnen konnten.

Das Gezeter kam von zwei Amseln, die sehr tief ständig über den Beeten kreisten und beim näheren Hinschauen sahen wir den Grund für deren Aufregung, nämlich unseren Scoby, aber warum?

…ich sah schon ziemlich wild aus, oder?

Scoby lag zwischen den Beeten in einem Weg, und zwischen seinen Vorderpfoten beschäftigte er sich mit etwas, das wir aus der Entfernung nicht so genau erkennen konnten, aber als wir zu unserem Hund kamen, da wussten wir warum sich die zwei Amseln so aufregen, denn wohlgeschützt zwischen seinen Pfoten bewegte sich eine kleine Amsel, die er mit seiner langen Zunge liebevoll abschleckte, und wie es dem Amselelternpaar dabei zumute war kann man sich jetzt ja denken.

Und auch noch ein anderes Tier wurde von ihm „meistens" verschont, da es offensichtlich viel mehr Spaß machte mit diesem Tier zu spielen, als es zu töten, obwohl dies ja viel einfacher gewesen wäre, aber um welches Tier handelte es sich dabei?

Um eine Maus!

Unser Scoby war ja blitzschnell und so war es für ihn auch kein Problem beim Spazierengehen im Feld so ganz nebenbei eine Maus zu fangen, wobei er sie grundsätzlich als Mahlzeit verschmähte, Gott sei Dank!

In sehr vielen Fällen hatte allerdings die Maus noch eine reelle Chance zu überleben, es sei denn sie wäre wegen Aufregung an einem Herzinfarkt gestorben. Und für dieses Spiel hatte unser Scoby ein spezielles Ritual entwickelt, das ich auch nur zufällig entdeckte, denn beim Spazierengehen bemerkte ich plötzlich, dass unser Hund eine seltsame Maulstellung hatte, denn das Maul war zwar geschlossen, aber man hatte den Eindruck, dass er eine „heiße Kartoffel" im Maul hätte und deshalb das Maul nicht ganz zumachen konnte, aber, die heiße Kartoffel entpuppte sich dann als Maus!

Und wie ging das Spiel weiter?

Ganz einfach, die vom Speichel tropfnasse Maus wurde nach einer gewissen Zeit wieder ausgespuckt und in Freiheit entlassen um sie dann kurz darauf erneut wieder in den wohl beschützten dunklen Innenraum des Mauls zu befördern,...und dieses Spiel machte unserem Hund sehr lange Spaß, ob es der Maus gefallen hat ist fraglich.

Aber jetzt möchte ich noch einmal auf das Thema Beschützen zurückkommen, denn – trotz aller Unterschiedlichkeit unserer Hunde– eines hatten sie alle gemeinsam, nämlich das geliebte Frauchen oder Herrchen beschützen zu wollen, wenn denen nach ihrer Auffassung eine tatsächliche Gefahr drohte.

Nachdem mich unser Scoby ja bereits vor vielen Jahren aus seiner Hundesicht ganz ernsthaft und bewusst „aus Seenot gerettet hat", weil ich beim Baden im Meer offensichtlich immer tiefer im Wasser versank, und er deshalb unbedingt sein Herrchen retten musste, berichte ich heute über ein anderes Erlebnis mit unserer Anka, denn über die Rettung aus Seenot habe ich ja schon ausführlich in meinem bereits erwähnten ersten Buch berichtet, und ich möchte mich ja in meinen Büchern nicht wiederholen.

Nichts desto Trotz ist auch diese Geschichte, die sich um „die Rettung meiner Frau" dreht, nicht weniger amüsant, da die Schilderung zeigt, was ein treuer Hund so alles für sein geliebtes Frauchen oder Herrchen tut und dafür vollen körperlichen Einsatz – bis hin zur totalen Erschöpfung – zeigt.

Was war geschehen?

Wir waren früher sehr oft in den Bergen unterwegs und während eines solchen Urlaubs im Juni eines Jahres haben wir eine Bergwanderung unternommen, wohl wissend, dass man um diese Jahreszeit ab einer gewissen Höhe immer noch Schneereste vorfindet.

Bei dem von uns ausgewählten beschilderten Weg war es deshalb nicht ungewöhnlich, dass wir plötzlich vor einem auf den ersten Blick völlig ungefährlichen Schneefeld standen, das wir überqueren mussten um unseren Weg fortzusetzen.

Aber dann plötzlich war das Schneefeld an einer Stelle tiefer als erwartet und meine Frau sank bis zur Hüfte ein und das bedeutete für unseren Hund tatsächlich:

„Höchste Gefahr",

denn wenn das Frauchen plötzlich um die Hälfte kleiner ist als sonst, dann muss da ja etwas Fürchterliches passiert sein und das bedeutete für einen treuen Hund, dass er jetzt unbedingt seinem Frauchen helfen musste!

Und was dann passierte muss man einfach einmal erlebt haben, denn unsere Anka hatte tatsächlich panische Angst um ihr Frauchen und sie war nicht davon abzuhalten meine Frau aus ihrer misslichen Situation zu befreien und deshalb war sie rings um meine Frau herum unermüdlich damit beschäftigt mit ihren Vorderpfoten den Schnee weg zu bekommen, und das tatsächlich bis zur totalen körperlichen Erschöpfung.

Und wenn man so etwas einmal selber erleben durfte und mit eigenen Augen sehen konnte, wie sich ein treuer Hund für seinen geliebten Menschen einsetzt, wenn dieser sich – aus Hundesicht gesehen – in einer ausweglosen und gefährlichen Situation befindet, dann wird einem sehr schnell klar, dass es zwischen Hunden und Menschen tatsächlich besondere Bande gibt, die bei keiner anderen Beziehung zwischen Mensch und Tier vorzufinden sind.

Dank Hund gesund

Mein lieber Mensch es wäre schön
könntest Du jetzt mit mir mal Gassi geh'n
denn den ganzen Tag hier nur daheim
das muss doch wirklich gar nicht sein
und mir ist es auch ganz egal
das sag ich dir jetzt auch einmal
ob's draußen regnet oder schneit
ich bin zum Rausgehen immer bereit
jetzt komm und stell dich nicht so an
und zieh' endlich deinen Regenmantel an!

So oder ähnlich dürften sich die Gedanken eines Hundes anhören wenn er sehnsüchtig darauf wartet, dass sein Herrchen oder Frauchen endlich mit ihm raus geht.

Und was bedeutet das für uns Menschen?

Es bedeutet, dass unser Hund für uns immer nur das Beste will, nämlich Bewegung, frische Luft und Sozialkontakte mit fremden Menschen, die wir sonst niemals treffen, geschweige denn ansprechen würden, aber Dank des „Katalysators" namens Hund geht das völlig problemlos über die Bühne und man wundert sich dann plötzlich selber darüber, warum man überhaupt

Das bisschen Schnee macht mir doch nichts aus,
also los komm mit!

einen Hund braucht, um mit fremden Menschen ins Gespräch zu kommen, aber das ist ja gerade das Thema!

Ein Hund macht einem vieles leichter, dies gilt vor allem für Sozialkontakte zwischen den Menschen untereinander, und deshalb sollte es uns eigentlich schon ein bisschen nachdenklich stimmen, dass wir dafür ausgerechnet einen Hund brauchen, weil wir in Anbetracht unserer kognitiven Fähigkeiten leider total „verkopft" und deswegen in der Regel emotional gesehen überhaupt nicht mehr in der Lage sind, solche spontanen Kontakte mit anderen fremden Menschen zu erlauben.

Aber es gibt ja noch weitere positive Einflüsse, denn aus medizinischer Sicht ist es ebenfalls wissenschaftlich erwiesen, dass wir durch den Hund mehr sportlich aktiv sind, und es ist weiterhin bekannt, dass Hunde dem Menschen auch noch in anderen Lebensbereichen gut tun.

In diesem Zusammenhang gibt es zum Glück die positive Entwicklung, dass Hunde immer mehr Zugang zu Altenheimen aber auch zu Schulen bekommen, da man mittlerweile weiß, dass über das „Medium Hund" tatsächlich wieder Anknüpfungspunke zu Personen gefunden werden können, die bisher aufgrund von Alter,

Verhaltensauffälligkeiten oder Behinderungen nicht mehr zu einer normalen Kontaktaufnahme in der Lage waren.

Aber es gibt ja durchaus auch eigene praktische Beispiele für die Zuneigung und Liebe eines Hundes zu seinem Menschen, und wenn ich da einmal persönlich zurück blicke, dann denke ich an bestimmte Augenblicke, in denen ich zum Beispiel wieder einmal starke Schmerzen wegen eines Bandscheibenvorfalles hatte, unsere Hunde dieses bemerkten und einem tröstend zur Seite standen,…bzw. lagen.

Wie Hunde das genau bemerken, das kann ich nicht genau sagen, aber egal ob sie das irgendwie schnüffeln oder an dem geänderten Verhalten bemerken – denn normalerweise liegt ja das Herrchen nicht den ganzen Tag im Bett – es ist jedenfalls faszinierend, beruhigend und tröstend, wenn der eigene geliebte Hund treu neben dem Bett liegen bleibt, ab und zu das Herrchen mit seiner Schnauze berührt als wolle er sagen: „Mach dir keine Sorgen, das kriegen wir wieder hin, ich bin ja bei dir."

Und selbst wenn man noch so eine liebe und treusorgende Familie hat, es gibt einen wesentlichen Unterschied, denn aus Treue und Liebe stundenlang auf dem Boden neben dem Bett des kranken Herrchens zu liegen,…

…das macht halt nur ein Hund!

Drum lieber Mensch denk mal dran
schaff' lieber einen Hund Dir an
anstatt in Deinem Leben
viel Geld für's Fitnessstudio auszugeben
denn besser als im Studio mit klimatisierter Luft
ist die Bewegung an der frischen Luft
und mit dem passenden Hund, das ist gewiss
man tatsächlich sehr flexibel ist
denn egal ob Joggen oder Fahrrad fahr'n
oder man kommt im Alter in die Jahr'n
dann ist das alles kein Problem
denn man kann mit dem Hund spazieren geh'n
und die müden Knochen werden's danken
denn sie kommen nicht so schnell in's
Wanken!

Was tut man so alles für seinen Hund

Als wir vor nunmehr zehn Jahren unseren damals sehr aggressiven Scoby von Sardinien mitgebracht haben, schlug unsere erwachsene Tochter vor, dass wir wegen der Erziehung unseres neuen Hundes unbedingt professionelle Hilfe benötigen.

Damit war ich natürlich überhaupt nicht einverstanden, denn ich war der festen Überzeugung, dass meine Frau und ich aufgrund unserer langjährigen gemeinsamen Erfahrung mit Hunden nicht auf so etwas angewiesen sind.

Die nächsten Wochen zeigten allerdings, dass unsere Tochter offensichtlich doch Recht hatte, denn wir mussten beim Spazierengehen mit unserem Hund immer rechtzeitig weiträumig ausweichen, wenn uns andere Hunde entgegen kamen und das war auf Dauer schon sehr stressig.

Dazu kam, dass ich ja noch berufstätig war und deshalb meine Frau tagsüber alleine die Probleme zu bewältigen hatte, die beim Ausgehen mit unserem neuen Hund auftraten, und das waren nicht wenige!

Also gut, Augen zu und durch,

sagte ich mir, und das hieß, sich bei einer Hundetrainerin anzumelden.

Dank unserer vorausdenkenden Tochter hatten wir aufgrund ihrer Erkundigungen auch sehr schnell eine gute Hundetrainerin gefunden und wir schnürten ein Auftragspaket aus Einzel- und Gruppenstunden. Die Einzelstunden während der Woche wurden von meiner Frau übernommen (Anm.: …und es stellte sich bald heraus, das war der schwierigste Teil des Programms).

Ich selber ging an den Wochenenden samstags mit unserem Scoby zur Gruppenstunde und eines Tages hatte unsere Trainerin plötzlich wieder so eine Superidee, die ich – wie könnte es anders sein – als völlig absurd ansah, denn sie vertrat allen Ernstes die Auffassung, dass es nicht schaden könnte, wenn ich mit unserem Hund an einem „Erste Hilfe Kurs für Hunde" teilnehmen würde. Das war ja eine Super Idee!

Aber was macht man als treues Herrchen nicht alles, und so ging es an einem Wochenende mit noch circa 20 weiteren Hunden samt Herrchen und Frauchen zum Erste-Hilfe-Kurs.

Denke daran, auch ich bin mal krank!

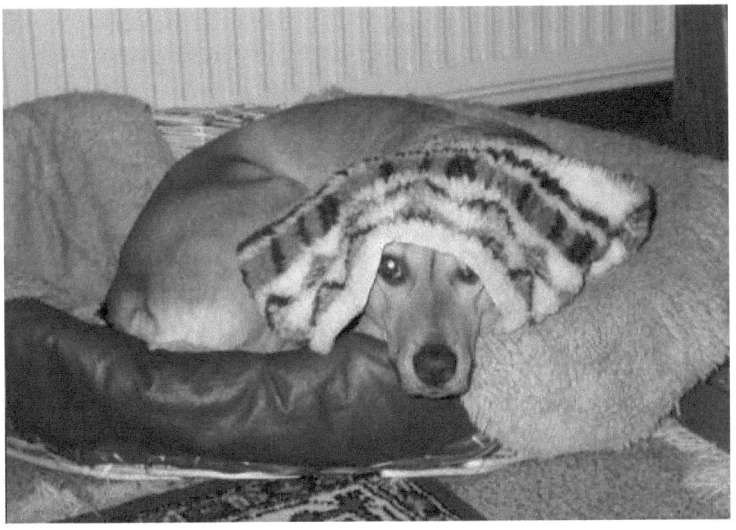

Ich musste allerdings bald feststellen, dass mein Vorurteil wieder einmal unbegründet war, denn was die Tierärztin uns so alles erklärte, das stimmte schon nachdenklich, denn was macht man denn zum Beispiel, wenn der Hund plötzlich verletzt ist, von einem anderen Hund gebissen wird oder in einen Unfall verwickelt wird, ich wusste es nicht.

Neben vielen nützlichen Informationen gab es natürlich auch praktische Übungen, bei denen man zum Beispiel auch das Anlegen von Verbänden übte.

Bei Ankündigung einer dieser Übungen schauten mein Hund und ich uns gegenseitig fragend an, denn wir hatten verstanden, dass wir jetzt einen „Hodenverband" bei unseren Hunden üben sollten.

Ich schaute verdutzt, weil ich mir das überhaupt nicht richtig vorstellen konnte und mein Hund war ebenfalls erstaunt, denn seine Blicke sagten: „Was soll denn das Herrchen,…ich bin doch kastriert, was sollen wir denn da verbinden?"

Meine Rückfrage bei der Kursleiterin trug dann allerdings zur allgemeinen Erheiterung der Teilnehmer bei, denn es stellte sich heraus, dass wir einen „Pfotenverband" üben sollten, was ich dann auch Dank meines sehr geduldigen Hundes schaffte, allerdings schaute unser Scoby dieser ungewöhnlichen Prozedur mit einem gewissen Unverständnis zu, denn er konnte es ja überhaupt nicht verstehen, was sein Herrchen da mit seiner gesunden Pfote machte,

….aber ein treuer Hund vertraut seinem Menschen und lässt sich das gefallen.

Jetzt aber Spaß beiseite, denn bei dem Thema Verletzungen ist es tatsächlich den wenigsten bewusst, dass ein Hund bei einem plötzlich zugefügten Schmerz reaktiv zubeißen kann, das heißt, bei der Untersuchung seines eigenen Hundes sollte in jedem Fall jemand das Maul zuhalten oder man sollte es fixieren.

Und bei diesem Thema wurde mir beim Schreiben dann auch wieder so richtig bewusst, dass ich als kleiner Junge selber ein solches Erlebnis mit unserem damaligen Schäferhund hatte, das mich fast das Leben gekostet hätte, denn ich wurde von ihm sechsmal ganz schwer in den Kopf gebissen. Was war passiert?

Ich hatte an einem sehr kalten Wintertag wieder einmal wie so oft mit unserem Schäferhund gespielt und wollte ihm einen herbeigebrachten kleinen Ball abnehmen, als ich plötzlich von ihm in mein rechtes Handgelenk gebissen wurde, zu Boden fiel und der Hund sich dann auf mich stürzte und mich in den Kopf biss.

Im Nachhinein konnten wir rekonstruieren, dass ich ihm beim spielerischen Rangeln um das Bällchen wohl auf die Pfote getreten sein muss, die er sich tags zuvor beim Spazierengehen an einer Glasscherbe tief aufgeschnitten hatte, und auf diesen von mir zugefügtem tierischen Schmerz reagierte der Hund natürlich mit Zubeißen.

Aber auch meine Frau hat bei diesem Thema vor einigen Jahren unerwartet auch „Lehrgeld bezahlen müssen", denn auch sie wurde von unserem vorletzten Hund, unserer Anka, plötzlich gebissen.

Auch hier ging ein plötzlicher Schmerz als Ursache voraus, denn unsere Anka war beim Spazierengehen infolge einer plötzlichen Nervenquetschung an der Wirbelsäule ab der Mitte des Körpers komplett gelähmt und konnte die Hinterbeine nur noch hinter sich herziehen.

In diesem Augenblick wollte meine Frau den Hund vom Rad- und Wanderweg zur Seite heben und wurde dabei ganz spontan gebissen.

Wir haben dann später von der Tierärztin erfahren, dass eine solche Nervenquetschung im wahrsten Sinne des Wortes tierische Schmerzen auslöst, auf welche der Hund dann instinktiv mit Zubeißen reagiert, und in einer solchen Situation können dann natürlich auch Frauchen und Herrchen gebissen werden, das muss man als Hundebesitzer einfach wissen.

Und wenn man dieses Kapitel jetzt aufmerksam gelesen hat, dann kann man sich fast schon vorstellen, dass auch das bekannte Sprichwort:

„Schlafende Hunde soll man nicht wecken"

etwas mit diesem Thema zu tun haben könnte.

Richtig, denn auch bei einem schlafenden Hund, der wegen einer plötzlichen Berührung erschrickt und aufgeweckt wird, kann ebenfalls ein Beißreflex ausgelöst werden, den der Hund dann auch nicht mehr korrigieren kann, selbst wenn er noch beim Zubeißen entdeckt, dass er in diesem Augenblick sein geliebtes Herrchen oder Frauchen beißt!

Deshalb sollte man einen schlafenden Hund tatsächlich erst ansprechen und erst dann anfassen.

Sie sehen, auch solche Erkenntnisse sind beim Zusammenleben zwischen Mensch und Hund sehr wichtig, denn es ist nicht unbedingt notwendig, dass man sie am eigenen Leib selber schmerzlich erleben muss, und deshalb gehören sie auch in ein solches Buch.

Endlich im Meer!

„Hurra, es geht in Urlaub!"

Irgendetwas ist mein Herrchen am Planen
aber was genau, das kann ich nur ahnen
denn wenn ich abends bei ihm im Büro bin
da kommt mir es immer öfters in den Sinn
als ob er Urlaubsplanung betreibt
denn ab und zu ruft er von Zeit zu Zeit
auch mein Frauchen an den PC
und zeigt ihr was, das ich nicht so seh'
aber plötzlich hör ich dann Worte heraus
wie zum Beispiel: „Schönes Ferienhaus
und das direkt oberhalb vom Meer
das gefällt uns ganz bestimmt sehr".

„Hunde, die sind auch akzeptiert",
…und spätestens jetzt da hab' ich kapiert
der nächste Urlaub ist in Planung
und ich hab auch schon so eine Ahnung
wohin die Reise diesmal geht
denn wenn das Meer auf der Planung steht
dann fahr'n wir wieder in den Süden runter
da freue ich mich und werde putzmunter
denn nichts kann für mich schöner sein
als endlich wieder am Meer zu sein
denn im Wasser fühl ich mich pudelwohl
der nächste Urlaub wird bestimmt wieder toll!

Ja, so oder so ähnlich könnten die Gedanken eines Hundes sein, der sich auf den gemeinsamen Urlaub mit seinen Menschen freut, und das ist ganz unabhängig davon, ob man zuhause nur eine kleine Wohnung, ein Haus oder auch vielleicht noch einen schönen großen Garten hat, ein Hund denkt da anders!

Für einen Hund gibt es nämlich nichts Schöneres als seinen geliebten Menschen möglichst oft und lange um sich herum zu haben, und genau das passiert im gemeinsamen Urlaub, denn da hat der Hund sein Herrchen oder Frauchen den ganzen Tag für sich alleine.

Und im Gegensatz zu anderen Haustieren, wie zum Beispiel Katzen, freut sich der Hund riesig darauf einen anderen Ort „erkunden und erschnüffeln" zu dürfen.

Im Vorfeld eines gemeinsamen Urlaubs mit seinem Hund sollte man natürlich ein paar wichtige Aspekte beachten, damit man sich auch im Nachhinein immer wieder mit Freude an den gemeinsamen Urlaub erinnern kann.

Am bequemsten für den Hund ist natürlich das gemeinsame Verreisen mit dem eigenen Auto, denn da kann man individuell und je nach Bedarf die Fahrtstrecken und die Pausen selber bestimmen.

Aber an ein paar weitere wichtige Kleinigkeiten sollte man auch noch denken:

Wenn man in das europäische Ausland fahren will, dann muss der Hund „gechipt" sein, einen europäischen Heimtierausweis haben und über eine gültige Tollwutimpfung verfügen, aber es ist in jedem Fall empfehlenswert, dass man sich vorher noch einmal konkret über die formalen Anforderungen des Urlaubslandes informiert.

Sinnvoll ist in jedem Falle auch der Abschluss einer Tierhalterhaftpflichtversicherung, wobei man als Hundehalter sowieso grundsätzlich eine solche Versicherung von Anfang an immer abschließen sollte.

Beim Verreisen mit dem Auto muss man auch daran denken, dass ein Hund im Sinne der Straßenverkehrsordnung als „Ladung" gilt, für deren Sicherung der Fahrer verantwortlich ist. Und das Sichern des Hundes ist nicht nur aus rechtlicher Sicht geboten, sondern auch im Sinne der eigenen Sicherheit, oder wussten sie, dass ein ca. 20 kg schwerer Hund bei einer Bremsung aus 50 Stundenkilometern eine Durchschlagskraft von 600 kg entwickelt!

Ein weiteres trauriges Thema – und das bezeichne ich als Tierquälerei – ist das Zurücklassen seines Hundes in einem überhitzten Fahrzeug. Dieses Phänomen kann man leider nicht nur auf Parkplätzen bei einer Urlaubsreise beobachten, sondern das ist in der warmen Jahreszeit leider fast täglich auf irgendeinem Parkplatz bei uns zu beobachten.

Deshalb sollte man seinen Hund in der warmen Jahreszeit und bei Sonnenschein niemals im geschlossenen Auto zurücklassen, da sich dort ganz schnell Temperaturen von um die 50 Grad entwickeln können, das ist Tierquälerei und das überlebt ein Hund nicht lange.

Unterkunftsmäßig gibt es heutzutage immer mehr Hotels und Pensionen in denen Hunde willkommen sind, aber wenn sie ihren Hund fragen würden was ihm am liebsten wäre, dann würde er sich hundertprozentig ein schönes Ferienhaus mit Garten und Auslauf wünschen.

Und jetzt wünsche ich einen schönen Urlaub mit Hund!

Hundeexperten nicht blind vertrauen

Bei diesem Kapitel, und das ist mir durchaus bewusst, begebe ich mich schriftstellerisch auf total blankes Glatteis, weil meine Leser möglicherweise über die nun folgenden Aussagen zum Thema Erziehung und das friedliche Zusammenleben zwischen Mensch und Hund irritiert sein könnten, denn einige Kapitel vorher habe ich mit aller Deutlichkeit darauf hingewiesen wie wichtig die Erziehung des Hundes ist.

An dieser Aussage will ich auch nicht rütteln, aber ich will durchaus bewusst machen, dass es auch bei der Hundeerziehung sprichwörtlich „viele Wege gibt die nach Rom führen".

Was soll denn das jetzt, werden sie sich fragen, und ich versuche das einmal zu erklären.

Das Grundprinzip des harmonischen Zusammenlebens zwischen Mensch und Hund besteht darin, dass beide Seiten, also Mensch und Hund, Spaß und Freude am Zusammenleben haben. Das geht allerdings nur dann, wenn es gelingt möglichst konfliktfrei miteinander umzugehen und dieses Miteinander trifft natürlich auch auf den Kontakt mit Dritten zu, und deshalb ist eine gute Erziehung unbedingt notwendig.

Aber wie dieses Zusammenleben am besten gedeiht, darüber gibt es sehr viele unterschiedliche Auffassungen und Meinungen.

Es ist daher zunächst einmal völlig normal, dass sich viele Menschen, die sich zum ersten Mal einen Hund anschaffen, auf die Meinung von Hundeexperten, Hundepsychologen, Hundetherapeuten, und was sich sonst noch so alles auf dem Markt tummelt, verlassen, weil sie fest auf deren Erfahrung vertrauen, das kann aber auch schief gehen.

Da ich seit meiner frühen Kindheit Erfahrung im Umgang mit eigenen Hunden habe, weiß ich mit meinen 67 Jahren, dass es einerseits sehr viele gute Hundetrainer gibt, aber der Markt ist auch mit Mitläufern gut bestückt, die sich nach „Minikursen" mit Titeln schmücken, die einem vortäuschen, dass man es mit professionellen und erfahrenen Hundetrainern zu tun hat, und das ist die eigentliche Gefahr.

Deshalb jetzt ein Grundsatz zum Einprägen: Sie machen sich zunächst einmal selber Gedanken darüber, wie sie mit ihrem Hund gemeinsam leben wollen,….

…und suchen sich dann einen Hundetrainer aus, der diese Vorstellungen am besten umsetzen kann.

Aber jetzt einmal Schluss mit der theoretischen Hinführung zu diesem Thema, denn ich möchte jetzt einmal einige Beispiele aus dem reichen Erfahrungsschatz geben, den meine Frau und ich in den vielen Jahren als Herrchen und Frauchen gesammelt haben.

Ich denke da zuerst einmal an unseren viel zu früh verstorbenen Scoby, den wir 2004 von Sardinien mitgebracht hatten und der ja nichts anderes gewöhnt war als den ganzen Tag alleine herumzuziehen und „Gott und die Welt" unsicher zu machen.

Und da unser Scoby damals bei Mensch und Tier nicht beliebt war, wurde nach Angaben seines damaligen Frauchens auch schon öfters auf ihn geschossen, da eine seiner liebsten Beschäftigungen das Aufscheuchen von Ziegen war, und besonders viel Spaß machte ihm das, wenn die Ziegen zum Melken gerade zusammen getrieben waren und dann bei ihrer panischen Flucht die Melkeimer mit mühsam gemolkener frischer Milch umstießen, da kam Freude auf,…allerdings nur bei Scoby, aber bestimmt nicht bei den Ziegenhirten!"

Und die griffen dann wohl zur Flinte!

Und einen Tag vor seiner Einschläferung wurden wir mit diesen frühen Erlebnissen noch einmal konfrontiert, denn auf dem Röntgenbild, das seine von Metastasen befallene Lunge zeigte, konnte man auf Höhe des rechten vorderen Schulterblattes klar und deutlich ein Geschoss erkennen,…das hat er über 10 Jahre mit sich herum getragen und überlebt, den Krebs leider nicht.

Aber ich wollte ja eigentlich auf etwas ganz anderes hinaus, nämlich die Tipps und Ratschläge von Hundetrainern, die man befolgt oder auch nicht!

Uns war im Jahre 2004 klar, dass wir zur Zähmung unseres „sardischen Streuners" namens Scoby professionellen Rat brauchten, und wir hatten seinerzeit auch eine gute Trainerin gefunden, aber diese Trainerin war sehr stark von der sogenannten „Dominanztheorie" geprägt und deshalb sollte man nach ihrer Auffassung bei seinem Hund am besten sämtliche Ausdrucksformen eines dominanten Verhaltens „im Keim ersticken".

Bin ich jetzt dominant? Nein, ich bin einfach nur hundemüde.

Dazu gehörte zum Beispiel, dass man seinen Hund immer verscheuchen sollte, wenn er an „strategisch wichtigen Orten" im Haus lag, dazu gehörte unter anderem der Flur und andere beliebte Plätze, von denen man einen guten Überblick hatte.

Mit der Umsetzung dieser Auffassung hatten meine Frau und ich so unsere Probleme, denn wenn unser Hund auch das Haus bewachen soll, dann sollte er natürlich auch an solchen wichtigen Stellen liegen dürfen, und deshalb setzten wir diese Vorschläge einfach nicht um.

Ein weiterer Lieblingssatz dieser Trainerin lautete:

„Steige nie über deinen Hund",

und wenn er doch einmal an einer „exponierten" Stelle liegen sollte, dann sollte man ihn einfach mit dem Fuß berühren und damit zum Aufstehen auffordern.

Aber bei der gleichen Hundetrainerin mussten die Hunde einige Tage später bei der nächsten Gruppenstunde lernen, dass sie liegen bleiben müssen, wenn ihr Herrchen oder Frauchen über sie steigt,…da fängt man dann schon an so einiges in Frage zu stellen.

Im Übrigen gibt es bei den Vertretern der Dominanztheorie auch total verschiedene Auffassungen, denn es gibt vier unterschiedliche Theorien und entsprechend vielfältig und abenteuerlich lesen sich dann auch die Aufzählungen von Verhaltensweisen, die auf eine Dominanz des Hundes schließen lassen sollen.

Nach diesen Theorien darf zum Beispiel ein Hund nicht als erster durch eine Tür gehen, der Hund darf beim Spazierengehen nicht vorne laufen, (Anmerkung: Er könnte ja den Weg vorgeben!) der Hund darf nicht erhöht auf einer Couch liegen, er darf beim Spazierengehen nicht schnüffeln wann er will, oder er darf nicht sein Fressen zuerst bekommen und er darf nur auf Kommando etwas tun, …und diese Beispiele könnte man noch fortführen.

Lassen sie deshalb diese Beispiele auf sich einwirken und entscheiden dann bitte selber, was für sie und ihren Hund akzeptabel ist oder nicht.

Ja, werden sie jetzt sagen, das ist ja alles schön und gut, aber ein paar Kapitel vorher habe ich gelesen, dass der Hund nicht der Boss sein soll, sondern der Mensch bestimmen soll was der Hund darf oder nicht darf, stimmt das etwa jetzt alles nicht mehr?

Doch, das stimmt alles, nur ist es einfach die Frage, ob der Mensch ständig so von der Idee besessen sein muss, dass er als so genanntes

„Alphatier" – also der Boss im Rudel – ständig alle Verhaltensweisen unterbinden muss, die in irgendeiner Art und Weise auf sogenanntes dominantes Verhalten hinweisen?

Meine klare Antwort darauf heißt: „Nein"

Tatsache ist nämlich, dass diese vorhin erwähnten dominanten Verhaltensweisen im natürlichen Wolfsrudel überhaupt keinen Rudelführer interessieren.

Die Stellung im Rudel beruht nämlich auf ganz anderen Schwerpunkten, aber das ist ein anderes Thema. Sie sollten sich aber in jedem Falle etwas vertiefter mit dem Thema Dominanz beschäftigen, wenn sie sich einen Hund anschaffen wollen und an Hundetrainer geraten, die diese Theorie in den Vordergrund stellen.

Aber wie sieht denn jetzt in den Augen von meiner Frau und mir ein gut erzogener Hund aus, dem das Zusammenleben mit seinen Menschen Freude macht, umgekehrt natürlich auch.

Meine Frau und ich gehen von folgenden Erziehungsgrundsätzen aus:

Wir sind keine Anhänger von einem Dominanzverständnis, das von der bedingungslosen

Unterordnung des Hundes gegenüber dem Menschen geprägt ist.

Wir wollen keinen Hund, der sich nur auf Kommandos hin fortbewegt und überhaupt keine eigenen Freiräume mehr hat.

Andererseits bedeutet dies aber auch, dass der Hund in jedem Fall über einen gewissen Grundgehorsam verfügen muss und dazu gehört mindestens, dass er folgende Kommandos befolgt: Sitz, Platz, Komm, Pfui, Aus oder Nein, weil das vielleicht für den Hund auch einmal überlebensnotwendig sein kann

Ein Hund kann natürlich noch wesentlich mehr lernen, aber ob das notwendig ist, muss dann jeder für sich selber entscheiden.

Darüber hinaus gibt es bestimmte Verhaltensweisen von Hunden, die man in jedem Fall durch eine entsprechende Erziehung unterbinden sollte, denn diese Verhaltensweisen tragen in unserer heutigen Gesellschaft leider dazu bei, dass Hundebesitzer mit ihren Hunden bei vielen Menschen ein negatives Image haben, aber das muss überhaupt nicht sein.

Und was gehört zu diesen Verhaltensweisen?

Zum Beispiel sollte der Hund lernen, dass er zur Begrüßung nicht an jedem hochspringen darf, er muss lernen, dass er zwar Wohnung oder Haus beschützen soll, das darf aber nicht dazu führen, dass er stundenlang „kläfft" auch wenn überhaupt nichts los ist.

Und zum Schutz des Hundes und zum eigenen Schutz ist es ganz wichtig, dass man seinen Hund körperlich jederzeit untersuchen kann, ohne dass er anfängt zu knurren oder die Zähne zu fletschen.

Dazu gehört auch, dass man ihm jederzeit sein Fressen oder Trinken wegnehmen kann und, dass er sich das Maul öffnen lässt, denn das sind alles ganz wichtige Verhaltensregeln, die in einem Notfall unter Umständen das Leben des Hundes retten können!

Und jetzt viel Spaß beim Erziehen.

Nobody is perfect

Es wäre schlimm, wenn man als Hundebesitzer nicht auch einmal „schwächeln" dürfte ohne dabei gleich ein schlechtes Gewissen haben zu müssen.

Und da meine Frau und ich dazu stehen, dass wir nicht die hundertprozentigen konsequenten Hundebesitzer sind, aber trotzdem – oder vielleicht gerade deswegen – ein gutes harmonisches Verhältnis zu allen unseren bisherigen Hunden hatten, möchte ich ihnen jetzt einmal an ein paar Beispielen verdeutlichen, was ich damit meine.

Als meine Frau und ich unseren vorletzten Hund, unsere Anka, verloren hatten, haben wir uns so einige Dinge geschworen, die wir einmal anders machen wollten, wenn wir wieder einmal einen Hund haben sollten.

Dazu gehörte unter anderem, dass wir unserem Hund nichts mehr vom Tisch geben wollten, warum?

Unsere Anka wurde von uns im Laufe der Jahre immer mehr verwöhnt, denn wir konnten beim Essen den angeblich traurigen Blick unseres

Hundes nicht ertragen und so bekam er halt immer ein bisschen mehr vom Tisch.

Das führte dazu, dass er mit zunehmendem Alter tatsächlich beim Essen vermehrt anfing zu betteln, aber das war ja nicht seine Schuld.

Und da wir es ihm im Alter nicht mehr abgewöhnen wollten, haben wir es weiterhin geduldet und er bekam nach wie vor seine Häppchen vom Tisch.

Also, gesagt getan, bei unserem neuen Hund, unserem Scoby, sollte das alles ganz anders werden,…so die Theorie!

Die Praxis sah aber wieder etwas anders aus, und da wir Menschen ja bei Begründungen für inkonsequentes Verhalten sehr einfallsreich sind, fanden wir für uns auch eine Begründung, warum wir es nach relativ kurzer Zeit doch wieder duldeten, dass unser Hund etwas Leckeres vom Tisch bekam.

Am Anfang waren wir uns einig darüber, dass wir unseren Hund nach seiner schwierigen Zeit auf Sardinien zur schnelleren Gewöhnung an sein neues Zuhause und an uns doch etwas verwöhnen durften, aber nur am Anfang!

Ich bin am Verhungern, seht ihr das?

Und wie ging's weiter? Ich kann es ihnen sagen, unser Scoby hat bis zu seinem letzten Tag morgens beim Frühstück immer etwas vom Tisch bekommen, und seine Frühstückshappen lagen dabei auf einem extra für ihn reservierten Frühstückbrettchen, und er bekam dann nach und nach immer etwas herunter gereicht, und am Ende des Frühstücks waren alle drei Brettchen von Herrchen, Frauchen und Hund leer!

Und das Fazit?

Wir bereuen nichts und würden es bestimmt auch wieder so machen, man muss aber fairerweise an dieser Stelle darauf hinweisen, dass unser Scoby – im Gegensatz zu unserer Anka – bis zuletzt nicht bettelte, denn wenn er nichts bekam, dann blieb er einfach neben einem auf dem Boden sitzen oder liegen.

Und was sagt uns das?

Nicht unser Hund, sondern Herrchen und Frauchen waren schwach, und man sollte es nicht für möglich halten, das kommt viel öfters vor als umgekehrt!

Kleine Hunde ganz groß

„Gebbe se Obacht,….der beißt nämlich!"

In diesem herrlichen hessischen Dialekt wurden meine Frau und ich von einer unbekannten Frau angesprochen, als wir vor einiger Zeit im Gedränge eines Flohmarktes zu einem bestimmten Stand wollten.

Meine Frau und ich schauten uns gegenseitig fragend an, aber dann wanderten unsere Blicke nach unten und dort entdeckten wir den Grund für diese Warnung, nämlich

„einen sehr kleinen Hund"

in einem Babywagen, mit Schleifchen im Haar, aber der knurrte tatsächlich nicht gerade sehr freundlich, als wir uns zu ihm herunterbeugen wollten.

Und das war dann für mich auch der Anlass dafür, dass ich dieses Erlebnis als thematischen Einstieg in meiner nächsten Radiokolumne „Hundetipps von Bernd Wehrum" verwendete, denn diese Sendung stellte ich aufgrund dieses Flohmarkt Erlebnisses spontan unter das Thema: „Kleine Hunde ganz groß".

Der Begriff groß ist im Zusammenhang mit diesem Thema allerdings nur abstrakt gemeint, denn ein kleiner Hund bleibt natürlich klein, aber das bedeutet im übertragenen Sinne,

- dass die Nachfrage nach kleinen Hunden sehr groß ist,
- dass kleine Hunde sich oft sehr groß fühlen und vor Selbstwertgefühl strotzen und,
- dass sie große Vorteile beim Verreisen oder beim Restaurantbesuch mit sich bringen,

aber,…. und das ahnen die wenigsten,

- sie brauchen gleich großes Engagement bei der Zuwendung, der Pflege und der Erziehung.

Wieso – das werden sich jetzt manche fragen – braucht denn so ein kleiner Hund soviel Erziehung wie ein Großer, der kann doch keinem gefährlich werden und der ist doch so niedlich,…..

…..von wegen!

Klein, adrett aber nicht immer nett!

Haben sie schon einmal das helle Gekläffe eines kleinen Hundes mehrere Stunden lang ertragen müssen, weil dessen Herrchen oder Frauchen berufstätig ist und der Hund alleine in der Wohnung bleiben muss?

Können sie sich auch vorstellen, dass so kleine Hunde beim Spazierengehen schon einmal ein Chaos mit anderen Hunden anrichten können, nämlich dann, wenn sie in ihrer oftmals besonderen Art und Weise zunächst erst einmal anfangen laut zu kläffen wenn sie einen Hund entdecken, und das passiert dann zu allem Überdruss sehr oft gerade bei größeren Hunden.

Und wenn man dann auf einen nicht gut sozialisierten großen Vierbeiner trifft, der dieses Kläffen einfach ignoriert, und der kleine Kerl dann völlig unerwartet doch noch nach dem großen Hund schnappt,…dann geht es rund, und man kann es sich ausmalen, dass das mit sehr viel Stress für die Hundebesitzer verbunden ist und naturgemäß dann der kleine Revoluzzer im wahrsten Sinne des Wortes den Kürzeren zieht, und das muss doch wirklich nicht sein.

Und ich weiß von was ich rede, denn unser Scoby, war zwar kein Kleinhund im eigentlichen Sinne, denn er hatte immerhin eine Schulterhöhe von ca. 40 cm, aber dafür war er umso wilder und das insbesondere bei größeren Hunden.

Und sein Schlüsselerlebnis erlebte unser Hund dann bei einem unserer ersten gemeinsamen Spaziergänge hier bei uns in den schönen rheinhessischen Weinbergen. Was war passiert?

Meiner Frau kamen plötzlich zwei große Bobtail Hütehunde mit ihrem Frauchen entgegen und, wie könnte es anders sein, bevor sie irgendetwas unternehmen konnten, stürmte unser Hund los und lief böse und laut bellend auf die beiden Hunde zu und meiner Frau war ziemlich klar, dass dies der Beginn einer bösen Beißerei mit unklarem Ausgang war.

Völlig erstaunt rief ihr dann aber das Frauchen der beiden Hunde zu, dass sie in keinem Falle etwas unternehmen oder dazwischen gehen solle, das sei viel zu gefährlich und die drei würden das schon unter sich ausmachen!

Hervorragend, dabei stehen und zusehen wie der eigene Hund verletzt oder sogar totgebissen wird,...aber was sollte man sonst machen?

Meine Frau traute allerdings ihren Augen nicht, als einer der beiden sich unseren Scoby wortwörtlich „zur Brust" nahm, sich breitbeinig über ihn stellte und sich mit ihm offensichtlich in der Hundesprache unterhielt, denn es passierte nichts und unser Scoby war plötzlich lammfromm und von diesem Zeitpunkt an waren die drei dicke Freunde!

Wie kann so etwas passieren?

Ganz einfach, was wir damals nicht wussten war die Tatsache, dass das Frauchen der beiden Hunde selber Hundetrainerin war, so dass deren Hunde hundertprozentig sozialisiert und erzogen waren und deshalb so reagierten, wie es auch in einem Hunderudel üblich wäre, dort wird nämlich auch keiner wegen einer Rangelei tot gebissen.

Nur das Problem ist, sie können als Hundebesitzer nicht darauf hoffen, dass ihnen so etwas auch passiert, denn das ist so wie ein Sechser im Lotto, und darauf sollte man sich besser nicht verlassen, das bedeutet:

Auch der kleine Hund muss erzogen werden!

Und noch etwas Wichtiges zum Thema kleine Hunde muss hier erwähnt werden, nämlich das Thema Rasse.

Unser Scoby war ja, wie bereits erwähnt, kein Kleinhund, aber er hatte als Mischling sehr viele Anteile eines Borderterriers, und das sind relativ kleine Hunde, die überwiegend zur Fuchsjagd mit Pferd gezüchtet werden.

Das heißt, sie sind ausdauernd und können ohne Probleme mit dem Galopp der Pferde mithalten, haben dann noch genug Kraft in einem Fuchsbau, auf sich alleine gestellt, einen Fuchs zu verjagen, zu bekämpfen oder auch zu töten, und diese Ausdauer, Zähigkeit und Unerschrockenheit wird auch immer bestehen bleiben.

Und wenn ich Ihnen jetzt sage, dass von den ca. 30 kleinen Hunderassen die es gibt, nur ca. die Hälfte sogenannte „Gesellschaftshunde" sind – aber genau so viele von Terriern abstammen – dann wird ihnen bestimmt spätestens jetzt bewusst, dass diese Hunde zwar alle liebenswerte Geschöpfe, aber keineswegs nur Schmusehunde und Schoßhündchen sind, die man bei Bedarf einmal zum Schmusen aus der Ecke holt!

Daran denken, Hund bleibt Hund!

Mensch bleibt Mensch und Hund bleibt Hund
10 Missverständnisse rund um Mensch und Hund

Das Zusammenleben von Mensch und Hund ist leider nach wie vor von sehr viel Unwissenheit und Missverständnissen geprägt und das trägt leider dazu bei, dass Hundebesitzer sich in ihrer Rolle als Herrchen oder Frauchen nicht wohl fühlen oder schlichtweg überfordert sind.

Dieses Buch ist zwar kein Ratgeber im eigentlichen Sinne, aber so einige Tipps habe ich den Lesern ja bereits schon im Untertitel des Buches versprochen, und deshalb möchte ich in diesem Kapitel einmal auf so einige gravierende Missverständnisse eingehen.

1. Der Mythos vom „Alphatier"

Ich beginne mit dem Begriff des „Alphatieres", denn viele Hundebesitzer glauben, sie müssten in ihrem gemischten „Mensch-Hund-Rudel" in jedem Falle und in jeder erdenklichen Situation das starke Alphatier sein, das immer und jederzeit „das Zepter in der Hand hält" und deshalb auf sämtliche Reaktionen des Hundes, reagieren muss, die auch nur ansatzweise auf ein sogenanntes dominantes Verhalten schließen lassen.

Diese Hundebesitzer tun mir leid, denn sie setzen sich selber ständig unter Druck, da sie es – überspitzt ausgedrückt – ja keinesfalls zulassen dürfen, dass ihr Hund ohne ein vorheriges Kommando irgendetwas tut.

Ich jedenfalls halte nichts von solchen übertriebenen Unterordnungstheorien und deren Auswirkungen auf das tägliche Zusammenleben. Ich vertrete vielmehr die Auffassung, dass die richtige Einordnung eines Hundes in seinem „Mensch-Hund-Rudel" viel wichtiger ist.

Das bedeutet aber, Schaffung von klaren Strukturen und eine konsequente Erziehung mit festen Regeln, die den Menschen für den Hund berechenbar machen und ihm so die notwendige Orientierung und Sicherheit vermitteln.

2. Dominanz

Zum Thema Dominanz haben sie ja in diesem Buch unter dem Kapitel „Hundeexperten nicht blind vertrauen" schon so einiges lesen können, hier noch einmal eine kurze zusammenfassende Bewertung: Tatsache ist, dass die ganze Dominanz Theorie ursprünglich überhaupt nichts mit Hunden zu tun hatte, denn die Grundlage dafür waren wissenschaftliche Untersuchungen im letzten Jahrhundert zur „Hackordnung von Hühnern".

Leider wurde diese Theorie dann im Laufe der Jahrzehnte auf Wölfe und dann auch auf Hunde übertragen und wird heute sehr oft missbräuchlich benutzt.

3. Hunde die bellen, beißen nicht!

Scherzhaft ausgedrückt könnte man sagen, das Sprichwort stimmt, denn ein Hund der bellt kann ja nicht gleichzeitig auch noch beißen, aber jetzt Spaß beiseite, denn dafür ist das Thema viel zu ernst.

Grundsätzlich darf man nicht vergessen, dass auch ein braver Familienhund nicht nur ein Kuscheltier ist, denn ein Hund ist und bleibt immer ein Hund, und er wird immer auch ein gewisses arttypisches Verhalten zeigen, dazu gehört auch die Aggression bis hin zum Beißen. Wichtig ist die Tatsache, dass Hunde, die scheinbar unvermittelt oder grundlos zubeißen, in der Regel vorher immer auf ihre Art und Weise „vorgewarnt haben".

Allerdings sind die meisten Menschen mangels Erfahrung überhaupt nicht in der Lage das

Verhalten und Bellen des Hundes zu analysieren, damit ist ein Laie schlichtweg überfordert. Solche Vorwarnungsstufen können zum Beispiel sein:

Körperhaltung, Art des Bellens, Knurren, Mimik, Lefzen gekräuselt usw. Wenn das aber alles zur „Abwehr" nicht ausreicht und der Mensch mit seinem Verhalten nicht aufhört, dann folgt die finale Stufe der Aggression, das heißt, der Hund beißt zu. Also mein Tipp:

Als Laie nicht „den Starken" spielen, und sich einfach nicht weiter mit einem fremden Hund beschäftigen, der mich anbellt oder anknurrt.

4. Hunde vergessen schnell

Diese Aussage stimmt nur teilweise und trifft insbesondere für das Tadeln oder Loben eines Hundes nach einem bestimmten Verhalten zu, da man einen Hund unmittelbar belohnen oder tadeln muss, weil er einen Zusammenhang zwischen einem bestimmten Verhalten und anschließendem Lob oder Tadel nur innerhalb von ca. drei Sekunden herstellen kann.

Sollte man allerdings glauben, dass ein Hund „schlechte Erfahrungen" vergisst, dann sollte man sich im Interesse der eigenen Sicherheit nicht darauf verlassen, und ich möchte dazu aus der eigenen Erfahrung einmal zwei Beispiele aufführen.

Ich habe an anderer Stelle dieses Buches beschrieben, dass ich als Kind von unserem eigenen Schäferhund schwerverletzt und fast tot gebissen wurde. Meine Mutter hat damals im eigentlichen Sinne richtig gehandelt, denn sie hat, nachdem sie meine Schreie gehört hatte, unseren Hund zunächst sofort körperlich gezüchtigt und sich dann unmittelbar um mich gekümmert und ins Krankenhaus gebracht.

Das heißt, unser Hund namens Lux hat unmittelbar erfahren, dass er für ein Verhalten bestraft wurde, das aus des Menschen Sicht nicht richtig war, soweit o.k. Die andere Seite der Medaille war aber die Tatsache, dass ich niemals mehr alleine mit unserem Lux zusammen sein konnte, weil er sich an diese Bestrafung erinnerte und mich dann immer zähnefletschend begrüßte.

Und egal wie Hundepsychologen dieses Verhalten deuten, ich habe bis heute jedenfalls nicht vergessen, dass ich ungefähr zehn Jahre nach der Beißattacke wieder einmal auf Wochenendurlaub von der Bundeswehr zuhause war und glaubte, dass ich jetzt einmal zu unserem Lux gehen kann. Soweit so gut, ich ging zu ihm in den Zwinger und er sprang an mir hoch, ich dachte zur Begrüßung. Lux hatte leider aber andere Absichten, denn als er aufrecht vor mir stand fletschte er plötzlich die Zähne und wollte mich in die Kehle beißen. Dies ist zum Glück missglückt.

…ich habe nichts vergessen!

Weniger dramatisch aber trotzdem bezeichnend ist eine Geschichte mit unserem Scoby aus Sardinien.

Wie schon berichtet war unser Scoby in Sardinien gefürchtet, da ja nichts vor ihm sicher war und aus diesem Grund wurde er auch sehr oft von sardischen Hirten „bestraft" das heißt, getreten, geschlagen und verscheucht.

Und da diese sardischen Hirten in der Regel kleinwüchsiger sind als wir, einen Stock bei sich haben und meistens einen Hut oder eine Mütze auf dem Kopf tragen, mussten meine Frau und ich bis kurz vor seinem Tod unseren Hund immer dann eng an die Leine nehmen, wenn uns kleinwüchsige ältere Männer mit Kopfbedeckung entgegen kamen, und das war gut so, denn die teilweise berechtigten Bestrafungen von damals hat unser Scoby nie vergessen, und er wäre deshalb auch nach zehn Jahren solchen ähnlich aussehenden Menschen an die „Wäsche" gegangen! Soviel zum Thema Vergessen.

5. Schwanzwedeln signalisiert Freude

Ein typisches Missverständnis ist die Annahme, dass Hunde, die mit dem Schwanz wedeln, immer freundlich gestimmt sind. Das kann stimmen, aber man sollte sich als Laie, der sich mit der Körpersprache der Hunde nicht auskennt, nicht darauf verlassen.

Grund dafür ist die Tatsache, dass das Wedeln mit dem Schwanz grundsätzlich ein Zeichen der Erregung ist und ob der Grund der Erregung positiv oder negativ ist, das zeigt sich erst beim genauen Hinsehen, denn für diese Beurteilung ist es wichtig ob der Schwanz oben oder unten ist, und ob er sich gleichmäßig, schnell oder langsam bewegt.

Also bitte bedenken: Wenn ein Hund mit dem Schwanz wedelt, heißt das nicht immer, dass er gute Laune hat. Es zeigt nur, dass er erregt ist.

6. Unterschiedliche Begrüßungsrituale

Wir Menschen gehen in der Regel frontal aufeinander zu, geben uns die Hand und schauen uns direkt in die Augen, denn das gilt unter uns Menschen ja als höflich, und es ist bei uns im privaten Bereich nicht so genau geregelt, wer zuerst auf den anderen zukommen soll.

Eine weitere liebevoll gemeinte Art der Begrüßung sieht so aus, dass man Kindern oder niedlichen Hunden ohne Vorwarnung und mit vorgebeugter Haltung liebevoll über den Kopf streicht. Hunde untereinander würden genau diese Verhaltensweisen als Bedrohung empfinden.

Sozialkompetente Hunde nähern sich meist in einem Bogen, gehen also nicht direkt aufeinander zu. Ein fixierender Blick wird in vielen Situationen als Provokation oder Bedrohung empfunden.Ein Abwenden des Blickes entschärft die Situation und bedeutet "Ich will keinen Ärger".

Über den Kopf streicheln ist insbesondere für unsichere Vierbeiner unangenehm und im Zweifel fühlen sie sich bedrängt oder werten es gar als Bedrohung. Achten Sie daher immer auf die Körpersprache des Vierbeiners. Besser ist es, den Hund oder Welpen seitlich am Hals oder Körper streicheln.

Deshalb sollte man insbesondere fremden Hunden keine Streicheleinheiten "aufzwingen". Man sollte besser warten bis der Hund mit dem Menschen Kontakt aufnimmt. In diesem Fall kann man den Kontakt erwidern, allerdings ohne dem Hund in die Augen zu starren. Weicht der Hund zurück, macht sich klein, klemmt gar die Rute ein oder zeigt deutliche Konflikt Reaktionen, dann sollte man ihn in Ruhe lassen.

Werden diese Warnsignale ignoriert, kann eine „Angst-Aggression" die Folge sein.

7. Hunde „sprechen" anders

Hunde haben eine sehr komplexe Laut- und Körpersprache: Sie bellen, knurren, blinzeln mit den Augen, spitzen die Ohren, lecken sich die Schnauze, sträuben das Fell oder wedeln mit dem Schwanz.

Die meisten Angriffe von Hunden lassen sich durch richtiges Verhalten vermeiden. Dabei sollte man sich darüber klar sein, dass die Körpersprache des Menschen anders funktioniert als die des Hundes.

So kann ein Hund nicht wissen, dass ein Lächeln kein Zähne fletschen ist. Da die Ohren beim Menschen von Natur aus eng anliegen, zeigt dies im Vergleich zu einem Hund Unmut oder Aggression. Wenn man fremde Hunde anstarrt, sich schnell bewegt oder eine Hand oberhalb ihrer Augen hält, betrachtet ein Hund dies als Drohung oder Angriff und könnte aggressiv reagieren.

Das zeigt er unter anderem durch Bellen, Knurren, hochgezogene Lefzen, flach am Kopf liegende Ohren und gesträubtes Fell.

Diese Signale äußert der Hund in ganz unterschiedlicher Art und Weise ein, je nach Situation. Hundehaltung setzt deshalb einiges an Wissen über die Hundesprache voraus. Nur so kann ein Halter ohne Missverständnisse mit dem eigenen Hund umgehen, aber auch Begegnungen mit fremden Hunden souverän meistern.

8. Inkonsequentes Verhalten

Genau wie bei der Kindererziehung so ist auch beim Hund das inkonsequente Verhalten von Herrchen oder Frauchen das Schlimmste was es geben kann, da er das unterschiedliche Verhalten des Menschen nicht einordnen kann.

So stellt es für einen Hund ein großes Problem dar, wenn er zum Beispiel bei seinem Herrchen auf die Couch springen darf, sein Frauchen ihn aber dort ständig wieder verscheucht, wenn sie alleine mit ihm zuhause ist.

Der Hund ist mit dieser Situation gestresst und überfordert von dem ständigen Hin und Her, bzw. rauf und runter. Er fürchtet sich in dieser Situation vor seinem Menschen, weil er nicht weiß, ob ihm sein Frauchen diesmal gut gesinnt ist oder ihn attackiert.

Also, in jedem Fall ist eine klare Absprache zwischen Herrchen und Frauchen und ein konsequentes Einhalten dieser Absprache notwendig.

9. Kleine Hunde brauchen weniger Bewegung

Auch das ist ein großes Missverständnis. Selbstverständlich ist der „Bewegungsdrang" auch von verschiedenen unterschiedlichen Faktoren, wie zum Beispiel Größe und Rasse, bestimmt, aber es gibt durchaus ein paar Faustregeln für das richtige Maß an Bewegung.

Junge Hunde und Zwerghunde (bis ca. 35 cm.) brauchen mehrmals am Tag 15 bis 30 Minuten Auslauf mit anstrengenden und ruhigen Phasen. Schwere große und erwachsene Hunde sind zufrieden mit zweimal täglich je einer guten Stunde in gemächlichem Tempo und 15 Minuten flottem Spiel.

Und eine Regel gilt grundsätzlich für alle Hunde: Der perfekte Auslauf besteht aus Abwechslung, Anregung für das Gehirn und einer bestimmten Herausforderung. Einfach immer nur neben dem Fahrrad herlaufen oder mit Herrchen oder Frauchen die ewig gleiche Jogging-Strecke entlang laufen zu müssen, das befriedigt die Bedürfnisse eines Hundes nicht.

10. Der Welpenschutz funktioniert immer

Der falsch verstandene Begriff des Welpenschutzes hat zur fatalen Folge, dass viele Hundebesitzer glauben, ihr junger Hund habe grundsätzlich „Narrenfreiheit" bei fremden Hunden und könne sich deshalb ohne Konsequenzen alles erlauben.

Ich möchte jetzt keine Ängste schüren, denn der Welpenschutz funktioniert tatsächlich in den meisten Fällen, aber sie sollten trotzdem nicht hundertprozentig darauf vertrauen wenn sie mit ihrem Hund unterwegs sind und anderen Hunden begegnen, denn manchmal muss halt leider auch so ein kleiner übermütiger Welpe „schmerzhaft" die Grenzen seiner eigenen Hemmungslosigkeit zu spüren bekommen.

Grund dafür ist unter anderem die Tatsache, dass Welpenschutz grundsätzlich zunächst erst einmal für die Welpen des eigenen Rudels gilt, und Hundehalter müssen leider heutzutage auch immer damit rechnen, dass ihnen nicht oder schlecht sozialisierte Hunde begegnen.

Deshalb sollte man jetzt nicht ängstlich mit seinem Hund spazierengehen, aber beim Zusammentreffen mit erwachsenen unbekannten Hunden sollte man sich nicht scheuen die Besitzer zu fragen, ob ihr Hund zu Welpen „freundlich" ist.

Sollte das nicht einwandfrei bejaht werden, dann sollte man den Kontakt vermeiden, denn negative oder gar schmerzliche Erfahrungen mit anderen Hunden sollte ihr Welpe nicht machen.

Alter und Abschied

So, liebe Leserinnen und Leser, jetzt haben wir viele Stationen eines Hundelebens an der Seite seines geliebten Menschen kennen gelernt und thematisch ist jetzt der Kreis geschlossen, denn ich befasse mich jetzt noch einmal kurz mit dem Thema „Abschied nehmen müssen", also mit dem Thema, mit dem dieses Buch eingeleitet wurde und das wir keinesfalls vernachlässigen dürfen.

Aber keine Sorge, ich mache jetzt keinen traurigen Schlussstrich, denn auch ich habe in den mittlerweile vergangenen Monaten zwischen meinem Vorwort und den jetzigen Zeilen wieder den gesunden und richtigen Abstand zu diesem Thema gefunden, und ich kann schon seit längerer Zeit wieder die Bilder und den Fernsehbeitrag unseres im Oktober verstorbenen Scoby ohne Wehmut und mit einem Lächeln auf dem Gesicht anschauen.

Aber damit das funktioniert, muss man sich selber auch über folgende Aspekte im Klaren sein:

Leben und Tod sind die Eckpfeiler unseres Daseins und das gilt für Menschen und Tiere. Das bedeutet, zu diesem Thema muss ich eine gesunde Einstellung haben, die akzeptiert, dass ich zwar um ein geliebtes Tier trauern darf, dass aber diese Zeit auch wieder vorbei gehen muss.

Wenn der Hund älter wird, dann sollte man ihm das auch zugestehen und sein eigenes Verhalten entsprechend anpassen, denn es ist beim Hund genau wie beim Menschen, ein Zwanzigjähriger hat halt nun einmal mehr Elan, Kraft und Schwung als ein Sechzigjähriger.

Das heißt, man muss seine Ausflüge und sportlichen Aktivitäten dem Hund anpassen. Dazu gehören zum Beispiel kleinere Spaziergänge, weniger sportliche Aktivitäten wie Radfahren oder Joggen und nicht ungeduldig werden, wenn sich der Hund einmal ausruhen will.

Und im Alter kommen natürlich auch die „Wehwehchen" und Krankheiten und damit ein sehr großes Problem auf uns Hundebesitzer zu, nämlich, wie erkenne ich rechtzeitig genug eine Erkrankung meines Hundes, oder ob er Schmerzen hat.

Leider gibt es hierzu keine generell gültige Antwort, denn die Robustheit oder Empfindlichkeit im Zusammenhang mit Schmerzen ist natürlich unter anderem auch rassebedingt, nur eines steht fest, der Hund kann uns nicht sagen ob es ihm gut oder schlecht geht und deshalb sind wir auch hier wieder einmal darauf angewiesen auf die Körpersprache und ein mögliches geändertes Verhalten zu achten.

Leider hat das bei unserem kürzlich verstorbenen Hund Scoby aber auch nichts genützt, denn der hat mit seiner großen Portion an Terriergenen im Blut nie Schmerzen gezeigt, selbst wenn er blutend aus einer Weißdornhecke zurückkam, weil er dort einen Fasan vermutete und sich blindlings mit offenen Augen in eines solche Hecke stürzte.

Und dieses zu späte Erkennen war dann auch leider der Grund für die relativ schnelle und drastische Verschlechterung seines Gesundheitszustandes, die dann letztendlich zu seiner Erlösung führte, denn erst am vorletzten und letzten Tag seines Lebens konnte man an seiner Körperhaltung und der Haltung seines Schwanzes sehen, dass er starke Schmerzen haben musste, aber da war es leider schon viel zu spät, um noch irgendetwas unternehmen zu können.

Mir ist bewusst, dass ich jetzt zum Schluss doch noch einmal ein ganz wichtiges Thema ansprechen muss, da das auch für die Trauerbewältigung nach dem Tod des Hundes sehr wichtig ist, nämlich die Möglichkeit der

Euthanasie, das heißt, das Einschläfern lassen, positiv ausgedrückt, als Mensch die Möglichkeit zu haben, seinen Hund von seinen Schmerzen erlösen zu dürfen.

Und warum ist das für die Trauerbewältigung danach so wichtig, werden sie sich jetzt fragen?

Ganz einfach, weil sie sich später nie Vorwürfe machen müssen, dass sie ihren geliebten Hund am Ende eines gemeinsamen schönen Lebens nicht erlöst haben, und er deshalb in den letzten Tagen oder Wochen seines Hundelebens leiden musste.

Dass das Einschläfern des geliebten Hundes natürlich immer ganz am Ende aller Rettungsversuche steht ist natürlich klar, aber bei völliger Hoffnungslosigkeit sollte man dann doch im Interesse seines Hundes irgendwann die entsprechende Entscheidung treffen, so schwer sie einem fällt.

Dass meine Frau und ich heute wieder ohne Tränen an seinem Grab bei uns im Garten stehen und mit einem zufriedenen Lächeln die Bilder und den Fernsehbeitrag über unseren Hund anschauen können, hat genau damit zu tun, denn wir können jetzt immer nur an die schönen Jahre mit unserem Hund zurückdenken und müssen uns keine Vorwürfe darüber machen, dass wir unseren Hund nicht von seinen Leiden erlöst haben, obwohl wir die Möglichkeit dazu gehabt hätten,....

......und dafür sind wir dankbar und froh!

Bildquellennachweis

© Bernd Wehrum (Titelbild, S.3, 37, 41, 46, 49, 54, 67, 74, 77, 81, 86, 95, 103, 107,118)
© Bernd Zeller S. 28
© Bernd Kocken S. 32
© SWR.de S. 61
© Josephine Mark, puvo productions S.112